JOURNAL PARISIEN

DE

JEAN MAUPOINT

PRIEUR DE SAINTE-CATHERINE-DE-LA-COUTURE

1437-1469

PUBLIÉ PAR

Gustave FAGNIEZ

A PARIS

Chez H. CHAMPION

Libraire de la Société de l'Histoire de Paris

Quai Malaquais, 15

1878

JOURNAL PARISIEN

DE

JEAN MAUPOINT

PRIEUR DE SAINTE-CATHERINE-DE-LA-COUTURE

(1437-1469).

INTRODUCTION.

Ni la personne ni le journal de Jean Maupoint n'étaient complètement inconnus avant nous. Ce personnage figure à son rang dans la liste des prieurs de Sainte-Catherine-de-la-Couture donnée par le *Gallia christiana* [1]. Après avoir été signalée par le P. Lelong et utilisée par l'abbé Legrand qui sont tombés dans la même méprise au sujet du prénom de l'auteur [2], sa chronique a été citée par M. Vallet de Viriville dans l'histoire de Charles VII. Mais, en dépit de ces quelques mentions, les renseignements [3] que nous allons donner sur la vie et

---

1. Tome VII, col. 860. Voy. aussi Du Boulay. *Hist. Univ. Par.*, t. V, p. 891.

2. Le P. Lelong mentionne sous le titre d'*Histoire de Louis XI* (*Bibl. hist.*, n° 17 329) un ms. in-fol. qui se trouvait dans la bibliothèque du prince de Condé et passait pour être l'œuvre de *Claude* Maupoint. Nous avons eu un instant l'espoir que ce ms. était passé dans la bibliothèque de M. le duc d'Aumale ; mais les recherches que M. Aug. Laugel a bien voulu faire faire pour nous ont été infructueuses. Du reste, le catalogue du fonds de Condé (Bibl. nat., Catal. 54¹ et 54²) ne fait aucune mention de ce ms. L'abbé Legrand, dans son histoire ms. de Louis XI, cite plusieurs fois Maupoint qu'il appelle toujours Claude. Nous ignorons l'origine de cette erreur.

3. Ces renseignements sont empruntés à la préface mise par le P. Nicolas Quesnel, chanoine régulier de la congrégation de France, en tête de sa copie du journal, ainsi qu'à l'histoire ms. du prieuré de Sainte-Catherine-de-

JOURNAL PARISIEN

DE

JEAN MAUPOINT

Extrait du tome IV des *Mémoires*
de la Société de l'histoire de Paris et de l'Ile-de-France
(Pages 1 à 114).

l'œuvre de Maupoint n'en seront pas moins nouveaux pour la plupart de nos lecteurs.

Jean Maupoint était fils de Guillaume Maupoint, sergent à cheval et bourgeois de Paris, domicilié près de Saint-Jean-en-Grève. Il n'était pas encore sorti de l'enfance quand il fit profession à Sainte-Catherine de la Couture. Par suite du dérèglement où le couvent était tombé, on se borna à lui apprendre un peu de latin ; aussi éprouva-t-il plus tard le besoin de compléter son éducation. Envoyé dans le couvent de Notre-Dame à Mons en Hainaut, puis en qualité de sous-prieur dans le prieuré de Notre-Dame-en-l'Isle à Troyes (1428), il entreprit en 1436 un voyage à Montpellier, dans l'intérêt de la communauté, et fut élu prieur à la fin du mois de mai 1438. La guerre avait réduit le temporel à un état déplorable qui ne commença à s'améliorer qu'en 1455. En même temps qu'il remplissait les devoirs de sa charge, Maupoint suivait les cours du célèbre docteur Thomas de Courcelles et obtenait les grades de bachelier en théologie et de maître ès-arts [1]. Définiteur du chapitre général en même temps que prieur de Sainte-Catherine, il fut fréquemment appelé à donner son avis dans les affaires qui intéressaient l'ordre du Val-des-Écoliers. C'est ainsi qu'il se rendit à Bar-sur-Aube pour conférer avec le général et plusieurs prieurs, au sujet des prétentions élevées par certaines religieuses sur le prieuré de Saint-Nicolas de Bar. En 1443, le grand prieur et ceux de Belroy [2] et de Notre-Dame-en-l'Isle de Troyes vinrent à Sainte-Catherine-de-la-Couture pour délibérer avec lui sur les intérêts de l'ordre.

En 1446, Maupoint se rendit à Chinon, auprès de Charles VII, pour défendre son prieuré contre les calomnies des sergents d'armes du roi. Le chapitre général, tenu en 1456 au monastère du Val-des-Écoliers et auquel il prit part, reçut quelques plaintes sur son administration et délégua le général Jean Perrot [3] pour

---

la-Couture écrite par le même religieux vers 1670. Il existe, à notre connaissance, trois mss. de cette histoire : l'un à la Bibliothèque nationale (Fr. 4612), l'autre à la Bibliothèque Sainte-Geneviève (in-fol. H 27), le troisième à l'Arsenal (Hist. de Fr., 324). L'auteur s'est servi pour la composition de son ouvrage des archives, aujourd'hui presque entièrement détruites, du prieuré.

1. C'est seulement dans la préface de sa copie du journal que le P. Quesnel donne ce dernier titre à Maupoint.

2. Belroy (Aube), arrond. et cant. de Bar-sur-Aube, commune de Bayel.

3. Il est aussi appelé Proth.

faire, à titre exceptionnel, la visite de son prieuré. C'était en effet au prieur de Notre-Dame-en-l'Isle de Troyes qu'appartenait le droit de visite. Celui-ci voulut d'abord, au mépris de la décision du chapitre, exercer son droit, mais la crainte des censures l'arrêta, et la visite fut faite par Jean Perrot. Maupoint en conçut contre ce dernier un vif ressentiment qui s'est exhalé dans ses livres de comptabilité et qui aboutit à un procès en diffamation devant le lieutenant civil, conservateur des priviléges de l'Université. Si la perte des archives anciennes de cette juridiction nous empêche de rendre compte de ce débat judiciaire, nous pouvons du moins faire connaître ce que Maupoint dit de lui-même et de son adversaire dans ses registres administratifs. Dans l'un d'eux il se vante d'avoir, en dépit des guerres, des épidémies et des disettes, entretenu constamment sept religieux prêtres et deux religieux lais, réparé les bâtiments, acquitté toutes les charges ordinaires et extraordinaires, telles que la pension du barbier, les frais de culture et de justice. Pendant les quinze premières années de sa charge, le prieuré, avec un revenu de 220 livres[1], a eu à dépenser annuellement 360 livres et n'a pu faire face à cet excédant de dépenses que par des emprunts. C'est donc très-injustement que le grand prieur attaque son administration et il le poursuivra pour obtenir des dommages-intérêts en réparation d'honneur[2].

---

1. Dans un autre registre de Jean Maupoint, le revenu de la maison, au moment où il prit en main l'administration, n'est estimé qu'à 127 liv. 7 den. parisis : « Il est vray que oud. temps que led. feu frere Jehan de Bourmont trespassa et que led. frere Jehan Maulpoint.... entreprinst... à.. administrer les receptes et gouvernemens des biens et temporel d'icelle eglise le quel Maupoint.. ad ce faire commansa le premier jour du mois de juing en l'an mil IIIIe trente huit, après informacion et enqueste faicte par led. Maulpoint... et par les religieux... ilz trouverent que tous les cens, rentes, revenuez casuelez, oblacions, drois de sergens d'armes et deniers à Dieu et tous les autres proufis... appartenans à lad. eglise..... montoient seulement à la somme de vixx sept liv. vii den. par. » (Papier cachereau du prieuré de Sainte-Catherine de la Couture. Arch. nat., S 1036, fol. 14 v°.)

2. Voici une note sur Jean Perrot insérée par Maupoint dans un autre de ses registres et citée par le P. Quesnel : « Frater Johannes Proty, prior Vallium Scholarium, honore cujusd. commissionis ad visitandum sibi datæ a capitularibus capituli generalis anno 1456, a me et conventu istius domus permissus est nos et istum prioratum visitare et de facto, sub certis protestationibus et oppositionibus per nos factis, hoc anno 1457, circa primos novem dies mensis Augusti, nos et prioratum nostrum visitavit, qui visi-

Les termes dans lesquels Maupoint se justifie et se plaint du général de l'ordre excitèrent la bile d'un religieux de Sainte-Catherine, nommé Jean Bertin, qui, dans une note virulente écrite à la suite du passage que nous venons d'analyser, venge la mémoire de Jean Perrot, rend un éclatant hommage à ses vertus et, non content d'articuler contre la gestion de Maupoint des reproches précis, appuyés de témoignages, l'accuse d'avoir déshonoré sa robe, calomnié les autres dans ses écrits et gaspillé les revenus et le trésor du couvent[1]. Cette note a été évidemment dictée par la colère, et les imputations qu'elle contient contre les mœurs de Maupoint sont trop vagues, trop dénuées de preuves pour mériter créance, mais les critiques de Bertin contre l'administration de notre prieur ne portent peut-être pas aussi à faux. Bertin exagère certainement en disant que son confrère a dilapidé le mobilier et le trésor. Maupoint fit au contraire dresser un inventaire du trésor de la sacristie[2] et, si le malheur des temps le contraignit à aliéner certains vases sacrés, ce ne fut très-probablement qu'avec l'autorisation du chapitre. Nous n'en sommes pas moins porté à croire que ses talents administratifs ne répondirent pas à la difficulté des circonstances. Ce ne sont pas seulement les plaintes dont son administration fut l'objet au chapitre général de 1456 et les faits plus ou moins avérés relevés contre elle par son confrère qui nous inclinent à le penser. Parmi le petit nombre de documents provenant des archives de Sainte-Catherine-de-la-Couture qui ont échappé à la destruction[3], il y a un papier terrier de 1461 qui ne donne pas

---

tando, imo verius perturbando nobis omnibus et singulis nostrum multas intulit injurias, molestias, vexationes et honoris depressiones nobisque fecit et fieri procuravit multa damna et incommoda, sed per Dei gratiam et adjutorium et consilium sapientum confusus a nobis d'cessit, et pœnituit eum super nos talia et tanta commisisse. Talis autem commissio non est amplius danda neque concedenda juvenibus animosis, præsumptuosis et inexpertis, sed relinquenda est authoritas visitandi prioribus qui habent a jure et soliti sunt visitare domos et personas istius ordinis, maxime quilibet visitator visitet ecclesias filias suæ generationis (Fr. 4612, p. 281-282). »

1. Appendice n° I.

2. Cet inventaire a été reproduit par le P. Quesnel.

3. La dispersion des archives avait commencé dès l'ancien régime : « ..... les vieux chartriers et registres presque abandonnez qui nous sont restéz du debris de cette ancienne maison exposée au pillage et au plus offrant (Préface de l'*Histoire du prieuré* par le P. Quesnel, ms. de Sainte-Geneviève). » François de Berne, prieur commendataire de Sainte-Catherine de-la-Couture

une idée très-favorable de son zèle ou de sa capacité administrative. On y voit qu'à cette date plusieurs des biens-fonds du prieuré se trouvaient encore dans l'état où la guerre les avait mis, que les bâtiments en ruine n'avaient pas été relevés, que les terres étaient restées en friche [1]. Or il y avait dix ans que la sécurité avait été rendue au pays, et, si grevé que pût être le prieuré par les dettes contractées dans les mauvais jours, il semble qu'un administrateur plus actif ou plus habile aurait trouvé moyen de remettre ces biens-fonds en valeur. Mais nous ne voulons pas nous ranger parmi les adversaires de Maupoint et insister plus longtemps sur un débat qui fut suivi d'une réconciliation complète. Lorsque notre prieur mourut, le 11 novembre 1476, ses rancunes avaient depuis longtemps fait place à des sentiments tout différents dont le P. Quesnel a trouvé l'expression dans des registres de compte perdus aujourd'hui [2].

Aussi bien, ce qui nous intéresse plus que la question de savoir si Maupoint a fait tout ce qu'il fallait faire pour tirer le prieuré de sa détresse, ce sont ses écrits. Outre le journal que nous publions et que Maupoint avait rédigé à la suite de son « troisième livre manuel », autrement dit sur un registre-journal de comptabilité [3], il avait inséré dans les deux premiers des notes historiques sur les événements qui intéressaient le prieuré et même sur ceux qui avaient une portée plus générale. Mais nous ne croyons pas, comme le P. Quesnel paraît le croire, que les deux premiers registres aient eu, au point de vue historique, la même importance que le troisième et que leur perte nous ait privés du récit suivi et étendu des événements antérieurs à 1437. C'est en qualité de prieur et, par conséquent, à partir seulement de la fin de mai 1438, que Maupoint a tenu ces registres. Sans doute il put y relater des événements plus anciens de quelques années, mais dans ce compte-rendu quotidien de son administration il dut

---

de 1567 à 1593, pour se venger des religieux contre lesquels il avait plaidé « fit enlever ausd. religieux par violence la meilleure partie des chartriers et papiers qu'ils avoient conservés jusques à ce temps là tres soigneusement. » (Même histoire, ms. de la Bibl. nat., p. 164-165).

1. Nous avons extrait de ce terrier quelques pages qui donnent une idée assez frappante des ravages de la guerre dans la Brie et la châtellenie de Montlhéry (Append. n° II).

2. On verra à l'Appendice (n° III) qu'en 1462 il recevait avec honneur son ancien adversaire.

3. Voy. Du Cange, v° *Manuale*, n° 9.

noter surtout ceux qui venaient de s'accomplir. Nous savons par
lui-même que son second « papier manuel » contenait sur la prise
de Pontoise, c'est-à-dire sur un fait qui eut lieu en 1441, des
détails auxquels il renvoie dans son journal. De son œuvre nous
possédons donc la partie la plus importante, la plus homogène :
le journal de 1437 à 1469. La perte de ses autres registres n'a
pas porté atteinte à l'intégrité de ce journal, dont les lacunes ont
une autre cause. Telles que nous nous les représentons, décou-
sues, assez rares, relatives surtout aux événements dont le prieuré
était le théâtre, et ne sortant guère de la période embrassée par
notre journal, les notes historiques dont ces registres étaient
enrichis n'avaient rien qui permette de les considérer comme
faisant corps avec lui. Ce n'était pas seulement sur les trois
« livres manuels » dont nous avons parlé, et dont les deux
premiers étaient déjà perdus au temps du P. Quesnel, que
Maupoint avait consigné le souvenir des événements contem-
porains. C'était chez lui, comme chez d'autres religieux du
prieuré, une habitude de noter sur ses registres administratifs
tout ce qui se passait dans le prieuré et une partie de ce qui se
passait au dehors. On trouvera à l'appendice de cette introduction,
sous le n° III, tout ce que le P. Quesnel a emprunté soit textuel-
lement, soit en substance, à cette source d'informations historiques.

Nous publions le journal de Jean Maupoint d'après deux ma-
nuscrits :

L'un est la copie de l'original faite au xviiᵉ siècle par le P. Quesnel[1] ; c'est elle qui nous a fourni la partie afférente au règne de
Charles VII. Ses lacunes, qui ne portent que sur celui de Louis XI
et proviennent de la perte de plusieurs feuillets de l'original, ont
pu être comblées, grâce au second ms., sauf pour l'époque posté-
rieure au 13 novembre 1469, date à laquelle s'arrête le journal
dans ce second ms.

Ce dernier, par sa composition et son ancienneté, mérite une
description détaillée[2]. C'est un ms. sur papier, écrit au xvᵉ
siècle, mesurant 280 millimètres de long sur 213 millimètres

---

1. Bibl. nat., Coll. Grenier, 105.

2. Celle qu'en a donnée M. Paul Lacroix est tout-à-fait insuffisante (Voy.
son rapport au ministre dans les *Documents historiques extraits de la
Bibliothèque royale*, t. II, p. 274-275). Préoccupé de voir, pendant sa
mission en Italie, le plus de mss. possible, notre savant confrère n'a pu
accorder à celui-ci toute l'attention qu'il mérite.

de large et conservé aujourd'hui à la Bibliothèque du Vatican (Christ., 753), après avoir appartenu successivement à Jean Fauchet, aux Petau et à la reine Christine. Il contient : 1° Un fragment du journal de Jean Maupoint de l'avénement de Louis XI au 13 novembre 1469 (fol. 1-60), sur lequel nous reviendrons tout-à-l'heure. 2° Un fragment intitulé : « Cy après s'ensuyt le commen-« cement du debat et du faulx couronnement de Edouard de la « Marche, duc de Yord, anglois, fait par trahison contre le roy « Henry de Lenclestre, vray roy d'Angleterre comme chascun « disoit » (fol. 60-68). 3° Un autre fragment commençant ainsi : « Le roy estant à Blaye ou païs de Bourdelais en l'an mil IIII^c « LX et II ballia la charge de ses gens d'armes... », et finissant par : « ... jusques au lundi XXIIIe jour dud. mois de juillet « includz tout oud. an mil IIII^c soixante quatre » (fol. 69-91). Ce fragment, relatif aux affaires de Savoie, a pour auteur Jean Fauchet, comme le constate la note suivante qu'on peut, sans crainte d'erreur, attribuer au président Fauchet : « Ceci a été ecrit « du tems du roi Louis unziesme par Jehan Fauchet, mon bi-« saïeul. » 4° Un fragment de chronique commençant par : « L'an « de grace mil IIII^c LXI, XXIIe jour de jullet, le jour de la Mag-« daleine, en son chastel à Meun-sur-Yevre, pres de Bourges en « Berry, entre XII heures et une après midi, trespassa de ce « siecle Charles VII de ce nom... », et finissant par : « ... sans « ce que ceulx de la ville les veissent » (fol. 93-109 v°. Le fol. 92 est en blanc). C'est, on en verra la preuve plus loin, un fragment inédit de la chronique officielle des rois de France, dont Louis XI, à son avénement, confia la rédaction à Jean Castel [1]. 5° Des lettres de 1461 par lesquelles Louis XI annonce au pape Pie II l'abolition de la Pragmatique-Sanction.

Le fragment du journal de Maupoint, contenu dans le ms. de la Reine 753, se compose de deux rédactions écrites vers la même époque par deux personnes différentes sur des cahiers distincts réunis après coup. La première rédaction s'arrête après les mots : « Fait le samedi XVIIIe jour dud. mois de janvier oud. an mil « CCCC soixante cinq. » Elle paraît avoir été écrite par la même main que le commencement du fragment relatif aux affaires de Savoie jusqu'aux mots : « ... et en la relevée dudit jour ledit

---

1. Voyez, sur cet abbé de Saint-Maur-des-Fossés, les recherches de M. Jules Quicherat (*Bibliothèque de l'École des chartes*, t. II, p. 461 et suiv.).

Philippe monseigneur... » A la fin de cette rédaction, on lit la note suivante écrite au xv⁰ siècle : « Le demourant de ce livre est en ung aultre cayer, que j'ay aultrepart, en ce signe fait au « premier feuillet. » Ce cahier, où l'on retrouve le même signe et qui, encore détaché au moment où cette note était écrite, a été cousu depuis avec le premier, contient une seconde rédaction dont l'écriture ressemble à celle de la fin du fragment attribué à Jean Fauchet. Ce qui prouve que le second cahier n'a pas été écrit pour faire suite au premier, c'est qu'il reproduit les dernières pages de celui-ci, du mercredi 13 novembre 1464 au samedi 18 janvier 1465 (a. s.) ; il s'étend jusqu'au mercredi 13 novembre 1469 et constitue avec le premier tout ce que le ms. contient du journal de Jean Maupoint.

Un éditeur qui a plusieurs mss. à sa disposition ne peut guère se dispenser de déterminer leurs rapports. Nous avons déjà dit que le ms. de la Bibliothèque nationale reproduit le ms. original, tel qu'il était au temps de Quesnel. A part quelques mauvaises leçons, quelques omissions provenant de ce qu'en langage typographique on appelle des *bourdons*, cette reproduction peut être considérée comme fidèle. Mais comment expliquer les différences entre l'original et le ms. du Vatican? Et d'abord, la plus importante, celle qui consiste en ce que l'original, avant de perdre des feuillets, embrassait trente-un ans de plus (1437-1476) que le ms. du Vatican (1461-1469)? Pourquoi n'avons-nous dans ce dernier qu'un fragment ou, pour parler plus exactement, deux fragments du journal de Maupoint? Ces fragments ont-ils fait partie de deux rédactions complètes ou n'ont-ils toujours été que des transcriptions partielles? Nous n'hésitons pas à adopter cette dernière opinion. Les premières lignes du premier fragment, comparées au passage correspondant de l'original, annoncent le début d'un ouvrage ; le copiste, abrégeant son modèle, rapproche dans une même phrase la mort de Charles VII et l'avénement de Louis XI, mettant ainsi en relief le point de départ du règne dont il veut reproduire le récit. Au reste, il n'est pas le seul qui ait eu l'idée d'extraire du journal de Maupoint la partie relative à Louis XI. Le ms. signalé par le P. Lelong doit son origine à un choix du même genre, et ce choix est justifié par l'intérêt plus grand de la seconde partie du journal. Si le fragment de la seconde rédaction qui fait partie du ms. du Vatican s'arrête au 13 novembre 1469, ce n'est pas non plus par suite d'une mutilation, c'est que l'original, rédigé par Maupoint au jour le jour, n'allait pas plus loin lorsqu'il fut reproduit par le copiste de la seconde rédaction.

La rédaction originale et les rédactions contenues dans le ms. de Rome ne diffèrent pas seulement par leur étendue ; elles offrent encore dans la partie qui leur est commune des variantes importantes. Tantôt la première contient des détails qu'on ne retrouve pas dans les deux autres, tantôt c'est le contraire qui a lieu ; elles sont en désaccord sur certaines circonstances, les faits n'y sont pas toujours présentés dans le même ordre et dans les mêmes termes. Ces différences seront signalées en note à fur et à mesure qu'elles se présenteront ; nous n'avons ici qu'à en proposer l'explication. Les passages de l'original qui manquent dans les deux fragments du Vatican sont des additions de Maupoint, postérieures à l'époque où ces fragments ont été rédigés. Veut-on une preuve incontestable de l'habitude où était Maupoint de faire des additions à son journal? Il y a consigné, à la date de 1446, la naissance du duc de Berry, frère de Louis XI. Vingt-cinq ans plus tard, en 1471, il enregistre, à côté de cette mention, la nouvelle de la mort du prince. Il y a tel autre passage où l'on ne peut méconnaître une addition de sa main, parce que Louis XI y est appelé Louis X, ce qui est particulier à notre auteur. Quelquefois enfin l'origine de ces additions, peu nombreuses d'ailleurs, semble suffisamment indiquée par le contexte.

Quant aux passages qui n'appartiennent qu'au ms. du Vatican, nous n'hésitons pas à les considérer comme des interpolations contemporaines. Point de doute pour tous ceux, et tel est le cas du plus grand nombre, qui sont écrits en surcharge et d'une main différente. Ces interpolations, ainsi que les corrections de même origine, constituent un remaniement systématique du texte et en augmentent notablement l'intérêt. Mais, avant les retouches dont nous parlons et qui se distinguent nettement du texte, les copistes des deux fragments du Vatican avaient déjà modifié l'original par des additions et des changements qui touchent au fond et à la forme. Les modifications dont il s'agit nous paraissent devoir être attribuées aux copistes plutôt qu'à l'auteur, car celui-ci les aurait, semble-t-il, introduites aussi dans l'original et n'aurait pas laissé subsister des contradictions de fait entre les diverses rédactions de son œuvre. Quant aux quelques différences qui portent sur l'ordre du récit, elles proviennent de ce que Quesnel a transposé volontairement certains faits.

Le premier fragment contenu dans le ms. du Vatican nous fournit un indice précieux sur la filiation qui l'unit au ms. original. Énumérant les conditions mises à la paix par les confédérés de la Ligue du Bien Public, le copiste de ce fragment renvoie aux demandes *escriptes es* vi^xx *et ung feuliets ci precedens,* c'est-à-dire aux demandes précédemment formulées par le comte de Dunois. Or cette indication si précise, il ne l'a pas trouvée dans l'original qui rappelle seulement les demandes *escriptes cy devant.* Peut-être quelques-uns de nos lecteurs argumenteront de ce renvoi pour soutenir que le fragment en question a fait partie d'une copie complète ou qui contenait, tout au moins, le règne de Charles VII. Mais, sans parler du début qui, ainsi que nous l'avons dit, ne convient pas à un texte tronqué, le foliotage ancien s'oppose à une pareille thèse. Ce foliotage, qui s'étend sur les deux cahiers et est un peu postérieur à leur réunion, va de 1 à 60 et ne permet pas d'admettre que jamais folio antérieur ait porté le n° 121. Nous sommes donc amené à conclure que le copiste de la première rédaction du ms. de Rome a eu sous les yeux, non pas le ms. original, mais une copie de ce ms., laquelle commençait à 1437, et que, trouvant dans cette copie un renvoi au fol. 121, il l'a reproduit sans songer qu'il ne pouvait s'appliquer à son extrait. C'est peut-être à l'auteur de cette copie intermédiaire qu'il faut attribuer les modifications qui ne se distinguent pas du texte par le caractère de l'écriture.

Au reste, les conjectures que nous émettons sur le ms. du Vatican n'ont d'autre utilité que d'appeler l'attention des savants sur les mss. qui pourraient contenir d'autres fragments[1] et combler les lacunes de notre édition. Notre tâche d'éditeur était complètement indépendante de l'idée que nous pouvions nous faire sur l'origine et les rapports de nos deux mss. Cette tâche devait consister, pour le fond, à donner toutes les additions et toutes les variantes; pour la forme, à suivre la copie du ms. original, en la rectifiant, lorsqu'elle est en contradiction avec l'orthographe de l'époque, à l'aide des transcriptions contemporaines.

Nous aurions aimé à découvrir l'auteur de la révision dont ces

---

1. Pour se prononcer sur l'attribution de ces fragments, il peut être utile de connaître l'écriture de Maupoint. On trouvera sa signature et quelques lignes de sa main dans le terrier de Sainte-Catherine, S 1043. Le ms. de la Reine 753 n'offre aucune trace de cette écriture.

deux transcriptions ont été l'objet, à tirer de l'obscurité le nom d'un homme qui se révèle à nous comme l'un des premiers collectionneurs de documents historiques. Si une sorte d'instinct pouvait remplacer des preuves positives, nous dirions que c'est Jean Fauchet, l'auteur du troisième fragment contenu dans le ms. de Rome[1], le contemporain de Louis XI, le bisaïeul de Claude Fauchet, qui aurait hérité ainsi de son ancêtre le goût de l'érudition. Nous livrons cette conjecture à ceux qui auront le loisir d'étudier la vie, de rechercher les ouvrages et l'écriture de Jean Fauchet.

Il suffira de quelques mots pour faire apprécier l'autorité et l'intérêt de notre journal. Il n'y a pas lieu d'établir dans ce cas, comme pour tant de chroniques du moyen-âge, la valeur des matériaux écrits ou des traditions orales qui composent le fond du récit. Ici l'auteur est un contemporain qui ne raconte que ce qu'il a vu ou entendu dire. Sa bonne foi et ses moyens d'information sont donc les seules choses dont il faille se préoccuper pour déterminer le degré de confiance qu'il mérite. La sincérité de notre chroniqueur est complète ; quant aux moyens par lesquels il a eu connaissance des événements qui ne se sont pas passés sous ses yeux, nous sommes obligé de dire qu'il les a appris pour la plupart par la notoriété publique, car les faits qu'il enregistre sont en général de ceux dont s'entretenait toute la ville. Toutefois il y en a sur lesquels il paraît avoir eu des informations particulières dont la source peut être indiquée avec quelque vraisemblance.

Ainsi, la précision topographique qu'on remarque dans son récit de la bataille de Montlhéry permet de croire qu'il avait reçu des renseignements des gens du pays, où le prieuré avait des propriétés. S'il a pu le premier nous révéler ce qui s'est passé dans les conseils tenus à Paris pour délibérer sur les conditions de paix stipulées par les confédérés de la Ligue du Bien Public, il le doit peut-être à son maître, Thomas de Courcelles, doyen de l'église de Paris, qui représenta le chapitre de Notre-Dame dans ces assemblées. Au reste il n'essaie pas de se faire passer pour plus

---

1. Le Catalogue des mss. d'Alex. Petau, acquis par la reine Christine (Bibl. nat., Fr. 9372, fol. 107 v°), contient l'article suivant : « Mémoire de l'histoire de France de Jean de Fauchet des l'année 1461 jusqu'à l'an 1464. » Montfaucon signale à la Bibl. du Vatican deux mss. de cet ouvrage.

instruit qu'il n'est et, parlant quelque part d'un conseil tenu par
le roi, il avoue qu'il ignore ce qui y a été traité et résolu. Mais
s'il n'a pas été mêlé aux grandes affaires, si sa chronique ne brille
ni par l'explication pénétrante des événements ni par la peinture
des caractères, elle n'en est pas moins un document utile à con-
sulter, et même intéressant à parcourir à cause de l'impartialité et
de l'exactitude de l'auteur, à cause des renseignements nouveaux
qu'elle nous fournit sur certains événements accomplis à Paris, à
cause surtout du compte-rendu précis et détaillé des opérations
et des négociations des confédérés devant cette ville.

G. Fagniez.

APPENDICE.

I.

Item, et pour l'onneur et entretenement tant du service divin et
canoniel en lad. eglise comme des anniversaires à faire en icelle et
des bonnes meurs de religion, led. frere Jehan Maulpoint a tousjours
eu avec lui et entretenu bien et paisiblement sept religieus prebstres
et deux nom prebstres, ausquelz nom obstant toutes chartéz de vivres,
guerres et autres povretéz et pestillences, il a tousjours amenistré
leurs vivres et entretenu et reparé led. monastere bien et souffizau-
ment selon les facultéz et revenues de lad. eglise.

Item, il a tousjours et par chascun an soustenu et paié toute
despence ordinaire et extraordinaire, gaiges et loiers de serviteurs, la
pencion du barbier, les frais du labour, les fraiz de justice et les charges
reelles, toutes lesquelles choses sont de grans fraiz lesquelz il n'est
point possible de soustenir pour moins de CCC LX liv. p. de rente et
revenue par chascun an; et touteffoiz vray est que, durant le temps
des XV premiers ans commensans le premier jour de juing mil
IIIIe XXXVIII et fenissant le dernier jour de decembre mil IIIIe LIII
tous inclus, que led. frere Jehan Maulpoint estoit et est prieur de lad.
eglise, toutes les receptes fetes par lui des cens, rentes, revenues
casuelles, deniers à Dieu, droiz de sergens d'armes et de tout les autres
prouffis de lad. eglise venus et escheus en ses mains durant led.
temps, ne ont point monté ne valu par chascun an IIc XX l. p., pourquoy
verité est que il ne lui a point esté possible de fournir par chascun
adce que dit est sans estre demouré en grant debet.

Sy conclud led. frere Jehan Maulpoint, prieur de lad. eglise Saincte

Katherine, contre frere Jehan Perrot, prieur de l'eglise du Val-des-Escolliers ou diocese de Lengres, commis par le chappitre general et deputé à visiter pour ceste foiz, que à tres grant tort poursuit et persecute led. sire Jehan Maulpoint... et a led. commis de ce faire tres maulvaise cause, si proteste de reparacion, requerant despens, dommaiges et interests, offrant à prouver, etc. Fait ou mois d'aoust l'an mil IIII^c LVII.

Ce qui suit a été ajouté immédiatement après par frère Jean Bertin, d'après le P. Quesnel.

S'il estoit vray ce que led. frere Jehan Maulpoint tesmoingne de luy mesmes, led. frere Jehan Perrot commis auroit et eust grant tort, mais la veue descouvre tout et Dieu scet la cause quar led. Maulpoint en son vivant vivait[1] *sine timore Dei et eglesie, sine religione et habitu lubrice et turpiter, in se et in alios offendens, gloriam credens habere de infamando alios inverecunde, mentiri publice nunquam timuit et, si facta ejus particularia manifestarentur, sicut aliorum facta nititur publicare suis cedulis diffamatoriis, nemo scelestior concludo quod ille sacrilegus dilapidator bonorum mobilium, jocalium, calicum, redituum, in hiis vanis laudibus falsum dixit*, offrant à prouver par mille *quod ita sit*. Frere Guillaume Picot tesmoingne que il se esbahit commant il peult avoir despendu la finance qu'il a eu d'aulmosne en son vivant, qui estimoit que led. Maulpoint povoit avoir eu et receu sans l'ordinaire plus de dix mille l. p. *Item*, frere Jehan Branvillier, prieur de la Granche, creoit que led. Maulpoint eust fait ung tresor, quar il n'eust peu consommer la finance qu'il avoit receue en peu de temps. *Item*, frere Symon de Labarre tesmoingne qu'il .....[2] soixante l. p. de rente amortie plus que led. frere Jehan Maulpoint n'en a laissé. *Item*, comme il appert par ses escriptures mesmes dud. Maulpoint, il n'y a plus de rente à Sainte-Katherine synon le vestiaire. Appert que le demourent des rentez desquellez tout le couvent souloit vivre est vendu et aliené par luy mesmes. *Item*, led. Maulpoint confesse en ce mesmes papier que les rentes ne montoyent en toutez choses, tant en ausmonez que aultrement, à la somme de 220, dont la moitié vient des casuellez, appert qu'il il demoure 120 l. p., non comprins le vestiaire et que 120 liv. p. de rente par son faulx et maulvais gouvernement sont perduez et alienéz. *Item*, maistre Jehan de Colongne, licencié en medicine, lequel a esté familier de Bourmont et dud. Maulpoint et maistre des novices de ceste esglise Saincte Katherine en sa junesse, tesmoingne qu'il a oÿ dire aud. Jehan de Bourmont que il avoit dedens Paris 600 l. de rentez et 600 de hors. Appert qu'il a grant faulte es deux prieurs et

---

1. Le ms. porte une seconde fois *vivant*.
2. Un mot illisible.

ce escuse l'ung sur l'aultre, et ne dis pas ce pour diffamer l'ung ou l'aultre, mais il me semble qu'il ont grant tort de blasmer led. Jehan Perrot, homme de honneste et saincte vie, quar jamais ne fust oïr dire que led. Perrot eust congneue charnelement femme et dès sa junesse a vescu en grant austerité de vie comme de porte[r] la haire sur sa cher nue trois jours la sepmaine, juné trop souvent, et croy que par ses junes il est mort. Led. Perrot a aquesté en son prioré 100 l. p. de bonnez rentes et mis en reparacions plus de 2000 escus, et si a impetré tous nos privileges et faiz d'autres biens immuables comme predications partout le royaulme de France et à Rome, et croy qu'il soit bien logéz en paradis.

(*Compte des biens aliénés en 1441.* Reg. non folioté ni paginé, conservé aux Archives nat., S 1035.)

II.

Extraits du terrier de Sainte-Catherine-de-la-Couture rédigé par les soins du prieur Jean Maupoint aux mois de novembre et décembre 1461[1].

Cy après s'ensuit la declaracion, quantité et valeur des hostelz, manoirs, terres, segneuriez et heritages, lesquelz lesd. religieus prieur et couvent de lad. eglise Saincte-Katherine du Val-des-Escoliers à Paris tiegnent et possedent hors de Paris tant ou pais de Brie comme en la chastellenie de Monltleheri et alieurs.

Et premierement, OU PAIS DE BRIE, les terres, seigneuriez et heritages de Grans-Clos et de Malenoe, es paroisses de Footins[2] et de Nengis en Brie en la prevosté de Mellun, declerés es chartres, lettres et es papiers desd. terres et seigneuries, lesquelles en l'an mil CCCC et douze et environ valloient ... par chascun an, au proffit de lad. esglise en recepte de deniers 100 liv. de rente et 8 muys de grain, les deux pars blef et le tiers advoine, lesd. terres et seigneuries pour les longues fortunes et malices des guerres, ... cheutes en friche desert et inhabités, et pour ce et affin de les deffricher et remettre en valeur de chose, lesd. religieus (fol. 44), prieur et couvent de lad. esglise de nouvel les ont baillés à tiltre de viage à Jehan le Fevre, escuier, et damoiselle Robine Doxi, sa femme, pour eulx, leurs enffens et les enffens de leurs enffens, pour les causes et aus charges declerées es lettres sur ce faittes soubz le scel de la prevosté de Paris et entre les autres charges, à la charge de 16 liv. par. de rente annuelle et pansion

---

1. Archives nat., S. 1043.
2. *Sic.* Fontains, Seine-et-Marne, arr. Provins, cant. Nangis.

à vie par chascun an au jour S. Denis, ix⁰ jour du moys d'octobre, rendus franchement et aux despens des dessusd. escuier et damoiselle et de leursd. enffens ausd. prieur et religieus en leurd. esglise de S⁰ Katherine pour ce icy par chascun an rente viagere xvi l. p. (fol. 44 v⁰).

Item, les terres, seigneuries et heritages de Champrosé et du Mesnil-Fontenerel en la prevosté de Tournant en Brie..... lesquelles en l'an mil CCCC et douze et environ valloient ... par chascun an; c'est assavoir, la terre et seigneurie dud. Champrosé, lx s. p. de menus cens et 16 chefs de poullaille de rente et vi muys de grain de moison..... et led. hostel du Mesnil autres clx s. de menus cens et trois chappons de rente et huit muys de grain par tiers (fol. 45) ..... pour les longues malices et males fortunes des guerres lesquelles ont eu cours en ce royaulme par l'espace de quarante trois ans tous includz finissant en l'an mil CCCC cinquante et ung, et par la povreté desd. prieur et religieus lesd. terres, seigneuries et heritages de Champrosé et du Mesnil sont demourés et demorent pour le present en ruine et non valeur. Pour ce icy pour le present... nichil.

Pierre Montsault... tient à lxiiii s. lesd. seignourie à tiltre de viage. Fait mil IIII⁰ LXXVII.

Item, à Chaulmes en Brye neuf liv. et dix s. par. de menus cens portans les ventes et admendes avec six gelines de rente sur certains heritages (fol. 45 v⁰) assis en la ville de Chaulmes et es villages d'environ... tout ce destruit et desert et en non valeur pour la cause des guerres dessus. Pour ce icy nichil (fol. 46).

En la chastellenie de Monltlehery.

Item, les terres, seigneuries et aultres heritages de Sauciel, en la parroisse de Saulz en lad. chastellerie, pour la maison et heritages... (fol. 48 v⁰) bailléz et accenséz... avecques autres charges de deffricher, ediffier et remettre en valeur de chose lesd. maison et heritages... (fol. 49).

Item, les terres, seigneuries et heritages de Maudestour, Villehier et Orcey tout ce situé et assis en lad. ville et paroisse d'Orcey en lad. chastellerie de Monltlehery; en l'an mil IIII⁰ et douze vailloient... cent sept livres vi s. vi d. p. et obole et ugne oye blanche et en recepte de grain seize muys et trois septiers... à la cause des guerres cy devant d., tout ce descheu et venu en desert et friche, tellement que pour ce present an finissant le dernier jour du moys de decembre mil CCCC soixante et ung, en menus cens et fondz de terre... sont revenues... seulement soixante et douze s. un den. p... (fol. 50 v⁰).

Grange de la Buxere dite de Montfaulcon, pres de l'hotel de Maudestour en la paroisse d'Orcey, chatellenie de Montlehery: la ruine et desolacion de lad. granche et de ses appartenances... estoient venues par (fol. 52) les longues fortunes et malices des guerres lesquelles avoient eu cours en ce royaulme par l'espasse de XLIII ans finissant en l'an mil IIII^c LI... (fol. 52 v°). *Item*, en lad. chastellerie de Montlehery en la parroisse de Villejust lesd. religieus... ont (fol. 53 v°) ung hostel, court, granche et estables, bergeries, jardins et plusieurs terres labourables..... tout ce de present pour les longues fortunes et malices des guerres..... et par la povretté desd. prieur et religieus du tout demourées..... en ruine et non valeur..... nichil (fol. 54).

Item, les terres, seigneuries et heritages des villes et parroisses de Fontenay, de Couldroy, de Forges, Soucey et Baillolet environ et pres du chastel et ville de Bris en lad. chastellerie de Monltlehery..... lesquelles... en l'an mil CCCC et XII revenoient... en menus cens et fondz de terre (fol. 54 v°) dix et neuf liv. XVI s. p. et en revenue de grain de six muys....., tout ce que dit est de present demouré en friche desert et non valeur tant pour les males fortunes des guerres comme pour la povretté desd. religieus. Pour ce icy pour ce present an IIII^c LXI nichil.

Item, les cens, tailles, moutons, champars, terres, bois et pretz appartenans ausd. de Ste-Katherine es villes et terroers de Esglis, et Boissi-soubz Sainct-Yon, en lad. chastellerie de Montlehery, ensemble toutes les dismes de blefz et de vins desd. villes et terrouers de Esglis et Boissy, en l'an mil CCCC et douze et environ valoient... (fol. 55) par chascun an..... en recepte de den. 45 liv. par. et en recepte de grain et de vin, toutes charges... deduites, neuf muys de grain..... avec VII muys de vin et lesquelles villes et terrouers de Esglis et Boissy-soubz-Sainct-Yon par les longues fortunes et malices des guerres sont cheustes... en desert, inhabités et en non valoir, mais, ce non obstant, au moien des labeurs des bonnes gens qui depuis lesd. guerres finies se sont retrais ausd. lieux, les cens et revenues appartenans ausd. de Ste-Katherine esd. villes de Esglis et Boissy soubz Saint Yon pour ce present an finissant le dernier jour de decembre en l'an mil CCCC LXI sont revenues (fol. 55 v°)... en recepte de grain à la mesure et quantité pour charges et pour tout de seize septiers de grain... et en recepte de den... à la somme de 34 s. 1 den. par. (fol. 56).

. *Item*, l'ostel dit... l'ostel de Maulpertuis en la parroisse de Bretigny en lad. chastellerie et pres de Monltlehery....., lesquelles lieux et appartenances en l'an mil IIII^c (fol. 57) et douze valoient... par chascun an à la somme de XXVIII l. par..... Au moien des guerres dessusd. venu en ruine et non valeur et lequel et toutes ses appartenances lesd. religieus... l'an mil IIII^c LV... il les ont baillé à tiltre de cens et heritage perpetuel à Jehan Hemart, laboureur demorant lors à Moret soubz Sainct-Yon, tant pour et parmy douze septiers de fourment et trois septiers d'avoine par chascun an..., comme pour et parmy deux soulz par. de cens et fondz de terre portans rentes et saisines par chascun an (fol. 57 v°) et 20 s. p. de rente par chascun an (fol. 58).

Item, en la ville et terrouer de Charcois, en la parroisse du Plexis-Paté en ladite chastellerie de Monltlehery, lad. esglise... y avoient.... par chascun an.... deux muys et demy de grain de rente...... et avec ce xxxiiii s. p. 1 den. moins de cens et fondz de terre.... Et pour ce que lad. ville de Charcois, pour cause des guerres dessusdites, estoient demorée en ruyne et inhabitée et par ce devenue en non valoir, et affin que les heritages (fol. 59) de lad. ville fussent deffriches, edifiés habites... lesdiz prieur et couvent.... baillerent à tiltre de viage.... les heritages de lad. ville....... parmy ung muy de blef meteil (fol. 59 v°).

Item, es villes et hameaulx de Ver-le-Petit et Misery en lad. chastellerie de Monltlehery, comme il appert es chartres et es lettres et es lviii et lix fueilles du viefz cartulaire de lad. esglise, lesdiz prieur et couvent possident plusieurs cens et fondz de terre et plusieurs rentes, droittures, roages, forages, dismes et autres drois seigneuriaulx lesquelles choses en l'an mil IIII[c] et douze ... valoient et revenoient (fol. 60)... à la somme de 8 liv. par. de fermè par chascun an ; tout ce pour la cause desd. guerres rugneux et inhabité et en non valoir, et affin de le repparer et remettre en valeur lesd. religieux,.... en l'an mil IIII[c] LIIII le xv° jour du mois de mars, baillerent à tiltre de loier dud. jour jusques à dix ans.... tout ce que dit est pour le pris... de xxii s. p... (fol. 60 v°).

Item, ung hostel, court et jardin.... appellé l'ostel de Guiperreux..... assis en la chastelerie d'Espernon en la parroisse de Hanches, avec toutes les terres, etc. appartenans... aud. hostel en l'an mil CCCC et XII les religieus... lors estans en lad. esglise baillerent à tiltre de viage à Pierre Chardonnel, escuier, pour c s. p. de rente viagere par chascun an frans et quittes..... avec aultres charges de reparer, entretenir et edifier lesd. lieux et heritages, lesquelz par lesd. longues males fortunes des guerres estoient et sont demourés (fol. 61) en ruine et inhabités et pour lesquelz repparer, edifier et remettre en valeur, en l'an mil IIII[c] LIIII, les religieus....... baillerent led. hostel et tous les dessusd. heritages à Pierre Chardonnel, escuier, et damoiselle Marie Raiz, sa femme, leurs vies durans et de tous leurs enffens, tant pour et parmy la somme de 16 s. p. de rente viagere par chascun an... rendus franchement... ausdiz religieus en leurd. esglise comme, parmy aultres charges, de deffricher, edifier et remettre en valeur de chose led. hostel et tous lesdiz heritages (fol. 61 v°).....

La recepte des grains venus... des heritages de lad. esglise Saincte-Katherine, pour led. an finissant le dernier jour du mois de decembre oudit an mil CCCC LXI.....

Premierement, une piece de terre contenant onze arpens et demi ou environ assise à Paris près et joignant de lad. esglise, lad. piece de terre ditte... la Cousture Saincte Katherine......, laquelle Françoys Grein laboureur... tient desd. prieur et couvent... à certaines années, lesquelles... seront finies à la feste Sainct Martin d'iver qui... escherra er l'an mil CCCC LXIIII, et lequel François laboure de ses chevaulz et ferremens à moittié pour lesd. religieus et pour luy en baillant par lesd. religieus.... la moittié de la semence, et en paiant par eulx la moittié des fraiz et despendz qui se font par chascun an au cueillir en aoust. Et, par ces moiens, lesdiz religieus prennent la moittié de tout le grain et feurre qui est creu... en lad. cousture et partissent par moittié sur le champ, laquelle moittié desd. religieus led. Françoys charie et admaine de ses chevaulx et harnoys franchement de lad. Cousture en la granche desdiz religieus et la quelle moittié pour la part desd. religieus, pour l'aoust de ce present an mil CCCC LXI, est revenue à leur profit à la somme et quantité de seize septiers et ung minot de saigle... (fol. 65 v°).

Item, de ladite cousture comme dit est reçeu quatorze septiers et une mine d'orge.... (fol. 66).

Premierement, en l'an mil CCCC soixante, le xxiii° jour du mois de janvier, led. frere Jehan Maulpoint, prieur de ladite esglise, marchanda à Denis Carrisy, masson, de demolir et abatre certaines chambres ruineuses lors estans devant le grand puitz de lad. esglise et lesquelles cheoient de jour en jour pour quoy et affin de fere en leur lieu une granche pour hebergier et loger les foins, feures et grains de lad. eglise. Et, eu sur ce conseil et jugement des jurés massons et charpentiers de Paris, ledit frere Jehan Maulpoint, prieur etc. marchanda aud. Carrizi de fere ce que dit est et saulver toute la tuille et charpenterie desdiz lieus et mettre à saulveté et prouffit et pour tout ce fere bien et loialment, comme il feist, led. frere Jehan Maulpoint prieur luy promist paier sept escus d'or, lesquieulx led. prieur a paiés aud. Carrizi masson et Jehan Dupuis charpentier. Pour ce j'ay paié par led. prieur... vii liv. xiiii s. par.

Item, ou mois d'aoust CCCC LXI, sur le temps que on sacroit à Reins le roy [Loys], dixiesme (*sic*) de ce non, et que on disposoit parmy Paris lieux et logis pour le recevoir et sa compagnie, il fut prié et commandé aud. prieur qu'il appointast oudit hostel de Saincte Katherine estables et logis pour loger monseigneur de Vandosme et ses gens, et pour ceste cause et pour le bien de l'ostel led. prieur feist faire, devant le grand puis de leans, neuf toises de mangoueres et repparer une partie des gros murs environ. Et pareillement furent faictes en l'enfermerie quatre toises de mangoueres, et estouppées aucunes des huisseries, et repparées plusieurs des murs et cloisons oud. lieu de l'enfermerie, esquelles et pour lesquelles besongnes et

repparacions faire, ledit Pernet Gentilz, masson, et Gillet....[1], charpentier de la grand congniée, vaquerent et furent par le temps
et espasse de dix jornées ouvrables; à chascun desquelz Pernet
et Gillet pour leur paie seulement et pour chascun jour leur
feust paié quatre soulz p. qui sont à eux deux pour chascun jour
huit soulz p., et sont pour lesd. x journéez quatre liv. par. Pour ce
paié par led. prieur, etc... iiii liv. p. (*Ibid.*, fol. 87 v° et 88 r°).

Vray est que le tempz pendant et durant de ce present an, comme
dit est, commençant le premier jour du mois de janvier mil CCCC
LX et fenissant le dernier jour du mois de decembre mil CCCC LXI,
lesd. religieus prieur et convent de lad. eglise Sainte Katherine ont
eu à soubstenir plusieurs grandz procès contre plusieurs parties,
especialment contre messire Olivier Benard, prebstre curé de Boissi,
contre maistre Bureaul Boucher, contre les gens du Roy au tresor,
contre Laurens de Lutin et contre plusieurs autres, et lesquelz procès,
obstant la povreté de lad. eglise en partie et les autres affaires desd.
religieux, ne ont point esté appointés par jugement ne decidés et
desquelz les memoriaulx ou actez sont devers Regnault de Caudeville
procureur... (fol. 88 v°-89).

A frere Michel Mignon, soubz prieur de lad. eglise, led. prieur luy
a baillé et assigné prenre douze liv. par. de rente ou pension à vie
que ladite eglise a droit de prendre et parcevoir par chacun an sur
l'ostel de la Levriere assis en la grand rue Sainct Anthoine..., lesquelz
xii liv. p. led. soubz prieur prend et reçoit pour sa vesture et les a
eues et receues à ceste cause pour ce present an [1461]... (fol. 102).

Item, nota que pour ce que, dès l'an mil CCCC cinquante huit, frere
Ethienne Noel etc. se en ala à Sens et lors fut curé de l'esglise Saint
Mesmin oud. lieu de Sens, et ne demourerent en lad. esglise religieus
que freres Michel Mignon soub prieur, Pierre Chartier, Simon de la
Barre, Jehan Guerot, Jaques de Limay, prebstres, freres Jehan Cardon
et Gilles du Boys, enffens novices, des quieulx l'esglise ne povet
demourer despourveue. Et, par ce, nul ne aloit parmy ce roiaume affin
de demander et recueillir les deniers à Dieu etc. et drois desdiz gens
d'armes, pour quoy ilz aloient à tres grand dechet et durant led.
temps jusques à present revenoient à trespou. Et pour ce que led.
frere Jehan Maulpoint, prieur etc., veoit que lad. diminucion et led.
dechet pourroient prendre long trait et peut estre que, par non
demander et querir lesd. deniers à Dieu et drois de sergens d'armes,
fussent alés du tout à neant, par le conseil de plusieurs des amis et
bienveullans de lad. esglise Saincte-Katherine lesd. prieur et religieus,
furent conseillés et delibererent de bailler et en l'an mil IIIIc soixante,
le vendredi xxvi° jour du mois de septembre, ilz baillerent à tiltre de
ferme et loier d'argent par chascun an jusques à quatre ans, commen-

---

1. Le surnom ou nom patronymique de Gillet est en blanc.

cens le jour S. Remy oud. an mil IIIIe LX, à Nicolas Furet, huissier de la chambre de messeigneurs les generaulx conseilliers, sur le fait de la justice des aides du roy n. s. à Paris et à Henri Poulard, maistre du guet de la ville d'Orleans, tous les arrerages escheus et qui escherront et qui deubz sont et seront doresnavant à lad. esglise, tant à lad. cause des deniers à Dieu etc. comme des drois deubz par chascun sergent d'armes à lad. esglise. Ce bail et transport fait aux dessusd. Furet et Poulard, et à ung chascun de eulx, dud. jour jusques à quatre ans entresuivans et acomplis, moiennant et parmy la somme de xxx livres p., que ilz et chascun de eulx seront tenus et ont promis paier par chascun an à lad. esglise et ausd. religieux en leur esglise à Paris franchement à deux termes en l'an, c'est assavoir Chandeleur et mi-aoust, à commencer pour le premier paiement au jour de la feste de Chandeleur oudit an mil CCCC soixante etc., et soustenir tous procès etc., comme tout appert par le brevet sur ce fait signé du Moustier et Billery. Pour ce icy, pour ce present an finissant le dernier jour du moys du decembre mil CCCC soixante et ung, xxx liv. p.

Ceste ferme fut finée au jour Saint Remi chef du mois d'octobre en l'an mil CCCC LX quatre, et est à nous à demander et recevoir tout ce que de lors en avant en escherra et advenra. (Fol. 35 v°-36 v°.)

<h3 style="text-align:center">III.</h3>

Extraits des Antiquités du prieuré de Sainte-Catherine de la Couture, *par le Père Quesnel*[1].

« Un religieux procureur de ceans nommé frere Michel Mignon dit en un de ses registres que Charle de Valois, roy de France, faisant son entrée à Paris accompagné de Louis son fils et dauphin et de Charle, duc d'Anjou, et de plus[ieurs] autres grands seigneurs, les prevosts des marchands et eschevins de Paris porterent sur luy, depuis la porte S. Denis jusqu'à l'eglise de N. D. et de là jusqu'au palais, un ciel de drap d'or vermeil que les sergeans d'armes prirent comme à eux appartenant le 12 de novembre 1437 et l'apporterent ceans le 21. » (P. 23-24.)

« Elle [l'eglise du prieuré de Sainte-Catherine de la Couture] fut dediée le 25 de juillet, nous ne scavons pas l'année et par quel prelat, mais le prieur Maupoin rapporte qu'en l'an 1435 le 30 decembre elle fut reconciliée, parce que madmoiselle de Voysines y entrant un jour avoit battu outrageusement une certaine personne. » (P. 49.)

« Nous ne devons pas passer icy sous silence la description que led. prieur Maupoint faict des infirmeries en cette maniere : « *Ipse*

---

1. Bibl. nat.; ms. fr. 4612.

locus est jucundus et delectabilis, debite reparatus in omnibus et bene dispositus, hortus autem ipsius infirmariæ optime cultus, ornatus violis et cæteris multis herbis odoriferis cum pluribus oleribus, fabis, pisis, petrosilio aliisque pluribus. Tous les aulnes estoient bien monté de marion et d'ozier, les vignes bien taillées et bien couchées sous les aulnes. » (P. 55.)

« Le prieur Maupoint parle dans son journal de la salle de S.-Christophle où il y avoit une chapelle. Il faict aussy mention de la salle du couvent où il y avoit une piscine à laver. Il adjoute que l'an 1442, un vendredy 6 d'avril, la salle joignant la chapelle de S.-Fursy fut bruslée à minuit. Il est fait mention dans les registres du prieur Maupoint de deux courts, du jardin du prieur, du jardin de l'infirmerie, du grand jardin et de celuy du couvent et pour prouver leur grandeur led. prieur dit qu'il y avoit quatre vingts toises de treilles en forme de hayes et cinquante six toises d'aulnes. Le jardin du sous prieur estoit derriere la chapelle Mauloué que l'on appelle maintenant de S.-Joseph. » (P. 56.)

« ..... En 1434, auquel temps le prieur Maupoint remarque en son journal que les religieux commencerent à manger du bled de nostre cousture le jour de Ste Marguerite..... » (P. 58.)

« .... Nostre Necrologe remarque que ce saint roy et son frere Alphonse, comte de Poictiers.... nous laisserent cent francs. Toutesfois on lit dans le testament de S. Louis..... qu'il nous laissa seulement quarante francs, et cent francs au chapitre du Val-des-Escholiers. Nous ne recevons plus rien de la fondation de S. Louis et le prieur Maupoint qui fut prieur de ceans depuis l'an 1438 jusques en 1476 remarque en son journal que, s'estant presenté aux thresoriers pour recevoir cette rente d'argent, de bled, d'etoffe, il luy fut repondu que les ausmones du Roy estoient volontaires... » (P. 69-70.)

« ...Nostre Philippe [de Macy, douziesme prieur]... fut esleu prieur, ce qui se fit le 20 octobre de la mesme année 1363, comme il le temoigne luy mesme dans son livre de compte en ces termes : « Mer-« credy 20 octobre je fus esleu à la charge de prieur..... » Il ne marque en son journal susdit que des harangs frais pour tout festin des religieux le jour de son election... » (P. 119.)

« Il dit de lui mesme, etc.... Ce prieur estoit magnifique et liberal, et il l'advoue luy mesme sans y penser lorsqu'il marque en son livre de compte qu'il fit peindre la grande salle de ce prieuré... » (P. 120.)

« Guillaume Picot [sous-prieur]..... se plaint en un de ses journaux..... »

« Jean de Bourmont [15e prieur], selon le rapport du prieur Maupoint qui a assez amplement descript ses gestes... » (P. 132.)

« Rediens [Jean Proth, prieur du Val] Parisios 14 sept. 1462 applicuit et in die Jovis sequenti... fecit intus in capitulo hujus ecclesiæ congregari plures scientificos et probos viros, spectantes audire ab ipso bonam doctrinam, quia promiserat et jactaverat se legere librum Job, propter quod fecimus fieri magnum apparatum tepetiorum et ornamentorum solemnium in capitulo nostro, etc.[1] »

« Nostre prieur Maupoint a encore remarqué que, le 9 du mois de janvier de l'an 1457, l'Université vint en procession en cette eglise apres avoir assisté le samedy auparavant au service qui avoit esté faict en l'eglise de Nostre-Dame pour l'ame de Lancelot roy de Hongrie et de Boheme. » (P. 231.)

Le mesme prieur Maupoint remarque (p. 224) encore que le mercredy 21 avril 1462, apres le dimanche de Pasque, messire Guillaume Chartier, evesque de Paris, ordonna des processions generales en ce prieuré où, pendant qu'on chantoit la grande messe solemnellement, Jean Prot, prieur et general du Val et docteur en theologie, prescha au peuple dans le grand jardin de cette maison, parce que l'eglise estoit toute remplie et ne pouvoit contenir la grande multitude qui y assistoit. Il remarque encore que le vendredy 15 du mois de may de la mesme annce, et le 3e jour apres celle qui avoit esté faicte en N.-D., on fit en cette eglise une procession tres auguste et tres celebre tant pour la multitude de prelats et seigneurs qui y assisterent que pour la quantité des reliques qui y furent portées. Messire Denis du Moulin, evesque de Paris, y presida, assisté de l'evesque de Limoges, des abbés de S. Maur, de S. Magloire, de Lagny et de S. Germain des Prés, tous revestus de leurs habits pontificaux.

MM. de la Ste Chapelle et les plus notables eglises collegialles de Paris seculieres et regulieres, les paroisses et la pluspart des personnes de condition de la ville s'y trouverent et grande quantité de peuple le plus honorable jusqu'au nombre de plus de 40,000 personnes. Les reliques suivantes y furent portées, à scavoir le chef de S. (p. 225) Louis, roy de France, la vraye croix de l'eglise de N.-D., la chasse de S. Benoist, le S. Innocent, le chef de S. Jacques apostre, le bras de S. Thomas d'Aquin, le bras de Ste Oportune, le bras de S. George, le doigt de S. Jacques apostre et plusieurs autres reliques, et le precieux corps de N.-S. dict de l'autel bouilli de S. Jean en Greve, accompagnées de 2,500 torches. Tout ce grand clergé et ces sainctes reliques furent receues ceans avec beaucoup de reverence et au gré d'un chacun selon les termes de nostre prieur. Jean Lolive, docteur en théologie et chanoine de N. D. y prescha dedans le cloistre et M. l'evesque de Beauvais celebra solemnellement la sainte messe.

L'an 1473 le 12 d'aoust, l'abbé et les religieux de S. Magloire vinrent ceans en procession, ausquels nostre prieur Maupoint fit largesse de 40 pintes de vin blanc à deux double la pinte et à ceux qui assistoient à la procession (226).

---

1. Ce passage est emprunté à Maupoint par le P. Quesnel (p. 187-188), qui n'indique pas l'ouvrage d'où il est tiré.

JOURNAL PARISIEN DE JEAN MAUPOINT

(1437-1469).

1. Nobilis, potens, generosus et strenuus dominus Ludovicus, filius Caroli quinti, temporibus suis regis Francie, regis Joannis geniti, frater Caroli sexti, tunc regis Francie, dux Aurelianensis, comes *de Vallois, de Blais, de Beaumont* et *d'Angoulesme* et dominus *de Couci*, a quodam milite Normanno, nominato Radulpho *d'Octonville,* in veteri vico Templi, versus portam *Barbette,* in die Mercurii, festo sancti Clementis vicesimo tertio mensis novembris anno Domini millesimo quadringentesimo septimo Parisius, letaliter fuit vulneratus et occisus, Joanne tunc duce Burgundie, ut ferebatur et dicebatur, ipsam occisionem procurante.

2. Eodem anno fuit permaxima hyems, ita quod a festo sancti Martini yemalis inclusive omnes riparie Parisius affluentes fuerunt congelate, unde quamplures pauperes gelu et inopia perierunt, in cujus gelu dissolutione pontes Parisius ceciderunt et creverunt aque usque ad domum domini ducis Andegavensis in Gravia[1].

3. Eodem anno, eo quod erant duo contendentes de papatu, in civitate Constantie Constantiense generale concilium fuit celebratum[2]. Ibi fuerunt omnes prelati Francie et de omnibus Universitatibus regni plures missi fuerunt notabiles ambassiatores.

4. Ab hoc anno inclusive et adhuc durant per omne regnum Franciæ et quasi per omnes partes circumjacentes fuerunt et sunt

---

1. C'est l'hôtel d'Anjou ou de Sicile, connu aussi sous le nom d' « hôtel du roi Louis ». Il était délimité par les rues de la Tixeranderie, de la Poterie, de la Verrerie (Voy. l'extrait d'un compte des confiscations de Paris du 20 décembre 1423 à la Saint-Jean 1427, chez Sauval, t. III, p. 305).

2. Le concile de Constance eut lieu en 1414 et non en 1407. On peut supposer que le P. Quesnel a omis un paragraphe relatif à 1414.

quam terribilissime guerre, insperate pestilentie et clades, fames longe et mirabiles et perquam plura alia infortunia, omne istud regnum et fines Francie, Picardie, Normannie, Brie et Campanie, Pictavis, Biturigis, Andegavis et Lingue Occitane fuerunt et sunt depopulate, dissipate, evellate et quasi ad nichilum redacte, unde quamplures venerabiles ecclesie et notabilia capitula et multi nobiles viri ultra dicere patiuntur penurias et juxta sua propter degere compelluntur mendicare, ita quod Francia ad omnes mundi partes conquerendo potest sic declamare :

> O gravis cruentus, casus miser, unica pestis!
> Jam servit qui liber erat, mendicat habundans
> Qui fuit, exilium patitur qui primus in aula
> Regnabat, patitur penas a rege secundus.
> Hoc casu, fit gemma lutum, fit purpura saccus,
> Lux, tenebre ; spes, confusio ; gloria, casus ;
> Visus, tristities ; requies, labor ; alga, jacinthus ;
> Hic dolor et gemitus, lachrime, discordia, terror,
> Tristities, pallor, planctus, injuria regnant.

5. Tout ce que j'entends cy après à dire des famines, guerres, pestilences et autres dispositions du temps, advenues depuis l'an M CCCC XXXVII par chascun an, doibt estre entendu estre advenu en l'an compté selon l'usage de l'esglise de Rome, selon lequel usage l'an commence le premier jour de janvier inclus et finit le dernier jour de decembre inclus [1].

6. Le roy de France nommé Charles de Vallois estoit entré à Paris le mardi XII du mois de novembre M CCCC XXXVII, et estoient avec luy plusieurs grands seigneurs, c'est à scavoir Louis de Vallois, son fils et dauphin de Viennois, et Charles d'Anjou et plusieurs aultres. Et ot à l'entrée de la porte Sainct-Denis un ciel de drap d'or vermeil que les prevost des marchands et eschevins de la ville de Paris porterent sur luy, et alla à Nostre-Dame, et de là vint au Pallais, où il coucha, et là les sergeans d'armes prindrent le ciel dessus dict et le aporterent en ce prieuré de Saincte-Catherine, et le lendemain XIII du mesme mois le roy vint à l'hostel neuf près Tournelles [2].

---

7. Et, premierement, il est vray que en l'an M CCCC XXXVIII furent tres aspres pestilences de epidemie et famine, dont plusieurs notables hommes et femmes de divers estats moururent par tout ce royaume, et tellement que le sonner pour les trespasséz fut defendu à Paris, et ne povet-on compagner son parent ou amy trespassé, pour le grand nombre et la grande occupation qui estoit et que on avoit des trespasséz. Celle année, depuis la mi-aoust jusqu'à la Toussaincts, le sextier de froment valut et estoit vendu quattre livre huict sols par., le sextier de seigle LXVI s. par., le sextier d'orge XLII s. p., le sextier d'avoine XL s. p. et ainsi des aultres grains. Vins estoient tres chers, et encherissoient et grains et vins. Et neantmoins, durant ledit temps, les François et Anglois tout parmi ce royaume se entrefaisoient tres fortes et mortelles guerres pour quoy les labours et marchandises cesserent en plusieurs lieux. Toutefois François furent toujours victorieus.

8. L'an ensuivant qui fut l'an M CCCC XXXIX, compté, comme dict est, du premier jour de janvier jusqu'au dernier de decembre inclus, au regard des chertéz et gueres se entresuivit[1], comme dict est, mais la mortalité cessa environ la Chandeleur.

9. Celle année par monsieur Artus, fils de duc de Bretaigne, connestable de France, fut mis le siege devant les Anglois qui occupoient la cité et le marché de Meaux en Brie, et le mercredi XII d'aoust ensuivant la cité et non le marché fut prise d'assault, et le XV de septembre ensuivant les Anglois rendirent ledit marché et se en allerent par traictié, sauves leurs vies.

10. Le samedi, XXVI dudict mois de septembre et oudict an M CCCC XXXIX, en la grant rue Sainct Antoine, devant la Moufle[2], en la presence du roy nostre sire Charles VII, de monsieur le duc de Bourbon, de monsieur Charles d'Anjou, de monsieur Pierre de Bretaigne, de messieurs les comtes de Tancarville, de Vendosme, de Richemont et de Eu et de plusieurs aultres grands seigneurs, combatirent à fer de lance et à outrance quatre François contre quatre Anglois. Le premier François fut fort navré

---

d'Ormesson, nom sous lequel il est encore connu. On le voit aujourd'hui au n° 212 de la rue Saint-Antoine. Voy. Jaillot, III, *Quart. Saint-Antoine*, p. 33.

1. Ms. *entresuivis*.

2. L'hôtel de la Moufle est un de ceux sur l'emplacement desquels fut construit l'hôtel Sully (Berty, *La Renaissance monumentale en France : hôtel Sully*).

sans mort et ot du pieure, les autres ne feirent[1] rien de valiance. Le dernier Anglois, sans estre ne blessé ne navré, fut mis jus de son cheval et ot du pire.

11. Celle année un impost fut mis et imposé sur le clergé de la cité de Paris, à scavoir de trois cens escus d'or de par ledit clergié offers à monsieur le duc d'Orleans pour sa bien venue des prisons d'Angleterre[2], lesquels trois cens escus d'or ledit clergié fut admonesté de payer sur peine de excommuniment.

12. L'an ensuivant, qui fut l'an MCCCCXL, fut competament disposé et tellement que depuis la mi-aoust jusqu'à la Toussainctz le sextier de froment estoit vendu VIII s. par. qui sembloit estre grand marché.

13. Celle année, fut tres aspre guerre entre le roy et monsieur le duc de Bourbon qui avoit substraict de sa partie monsieur le dauphin, fils du roi nostre sire nommé Louis, pourquoy le roy feist tres forte guerre à monsieur de Bourbon et furent ses pays fort travailléz. Messire Jean Fourcault, chevalier, se tint à Corbeil et monsieur de Mouy au Bois-de-Vinciennes, pour mondit sieur de Bourbon, qui firent mains griefs en cette ville de Paris et ou pays de France. Et entre les aultres griefs, le dimanche cinquiesme de juing[3] oudict an, aulcuns des gens dudict messire Jean Fourcault, qui estoient à Corbueul, vinrent à l'heure de XII heures à minuict dedans l'isle Nostre-Dame à Paris, et là tuerent deux hommes, et emporterent soixante et une pieces de toiles fines, et enmenerent deux fames, qui fut un grand esclandre et nouveaul en cette ville de Paris, pour ce que onques ne y estoit arrivé tel oultrage pour guerre ne aultrement[4]...

14. Le mercredi, XIX de octobre en cet an, les Anglois rendirent le chastel Sainct Germain-en-Laye et s'en allerent vers le commencement du mois de novembre. Les Anglois eurent le port et la ville de Herfleu en Normandie, et leur fut rendu par les François, devant lesquieulx les Anglois avoient mis et tenu le siege sept mois et plus. En ce temps fut mis le siege devant la ville de Avranches en Normandie par mon devant dict sieur le connes-

---

1. Ms. *fierent.*

2. Charles d'Orléans n'obtint sa liberté que l'année suivante.

3. L'auteur du Journal parisien de Charles VI et Charles VII dit que ce coup de main eut lieu le premier dimanche de mai (édit. Michaud et Poujoulat, p. 287).

4. Il y a ici une omission dans la copie du P. Quesnel.

table et son ost, lequel fut levé par les Anglois et là fut prins monsieur de Gaugourt et mené en Angleterre [1]. En ce temps les Anglois travellerent fort les François.

15. L'an MCCCCXLI compté comme dict est, le premier jour de janvier advint au dimanche, et fut celluy an tres plantureux de grains mais non pas de vins. Depuis la mi-aoust jusqu'à la Toussainctz le sextier de frournent estoit vendu XXIV s. par. [2]... Cette année mourut tres pou de gens sinon par guerre, mais il fut grant occision de gens de guerres et en plusieurs lieus. Il ne fut nulles neiges et pou de gelées.

16. Le roy chevaucha ses pays de Brie, de Champaigne, de Lannois, de Picardie et de France, et les mit en grant paix et seureté en ostant les larrons desdicts pays. Par son commandement fut le bastard de Bourbon noyé à Bar-sur-Aube, dont maint larrons furent esbahis.

17. Le chastel et la ville de Creil furent gaignées sur les Anglois.

18. Par le roy et monsieur le daulphin fut mis le siege devant la ville de Pontaise en laquelle estoient les Anglois, lequel il fut tres longuement. Pour lequel siege fut octroié au roy nostre sire par le clergié de Paris certain impost et aide, comme avoit esté faict l'an M IIII[C] XXXVII, le XXIV de septembre, pour le siege de Montereau-Fault-Yonne, pour lequel les esglises et confrairies de Paris balierent vaisselle d'argent pour faire de la monnoye. Durant le temps dud. siege de Pontaise furent faictes maintes valiances et par les François et par les Anglois, mais tousjours furent les Anglois les plus fouléz. Et finablement par assault bien mervilieux furent prins dedans la ville de Pontaise, et furent occis et mis à mort huict cent Anglois et plus, et environ trois cent prisonniers.

19. En ce temps la cité d'Evreux fut gaignée sur les Anglois et la reprindrent moult de leurs gens. François estoient fort encouragéz et hardis contre les Anglois. Le sire de Thalebot, d'Engleterre, menoit la guerre pour les Anglois, lequel estoit aimé des François pour ce que il faisoit honnorablement sa guerre et estoit vaillant homme de soy.

---

1. C'est au siége d'Harfleur que Raoul de Gaucourt fut fait prisonnier. La tentative des Français sur Avranches est antérieure à la capitulation d'Harfleur.

2. Le P. Quesnel a fait ici une suppression.

20 [1]. Pour ce que on empeschoit et que on troubloit fort nostre mere l'Université de Paris et ses supposts en ses libertéz et franchises, furent conclues et faictes cessations de predications, collations, sermons et aulcunes lessons, lesquelles cessations durerent dès le jour de la feste Sainct Andri apostre inclus en l'an m iiii^c xli jusqu'au xviiie du mois de febvrier ensuivant m ccccxlii jour de dimanche des Brandons, ouquel jour nostredicte mere l'Université fit processions solemnelles en l'esglise monsieur Sainct Magloire à Paris, et là fut faict sermon solemnel au peuple par maistre Thomas de Courcelles [2], excellent docteur en theologie, enquel sermon entr'autres choses fut dict par ledit docteur que le roy liberalement avoit reconferméz et rebailléz à nostredicte mere l'Université tous ses privileges, et vouloit que d'ores en avant tous les supposts d'icelle en usassent et jouissent paisiblement.

21. En ce mesme temps, pour ce que nos seigneurs les presidents et conseilliers en la court de parlement à Paris ne estoient point payez de leur gaiges ordinaires, ils conclurent de surseoir et de faict surseirent de seoir en ladicte court de parlement, et pour ce on ne y plaida point depuis le jour de Noel l'an m ccccxli jusqu'au lundi xix du mois de febvrier ensuivant, ouquel jour on commença à playder en ladicte court de parlement. Et pour lors fut voix commune que lesdicts seigneurs presidents et conseillers estoient par le roy lors bien apointéz et assignéz, et seroient tres bien payéz de là en avant de tous leurs gages.

22. L'an m iiii^c xlii le premier jour de janvier advint au lundi et se entresuivit le marché de bleds et de vins comme l'an precedent.

23. Celle année le roy mena grande armée ou pays de Bourdelois et là conquit mainte cité sur les Anglois, maintes bonnes villes et plusieurs chasteaux et forteresses. Plusieurs des nobles dudit pays luy feirent serment de loyauté et obeissance. En ce furent fort travailléz les Anglois et affoiblis. En ce voyage les gens du roy furent fort travelliéz de dizette et maladies; ils per-

---

1. « Ou xxv et xxvi feuillets du second papier de mon manuel sont escriptes nouvelles de M^r le duc d'Orleans. Ou xxxvii et xxxviii feuillets dud. papier sont escriptes plusieurs choses advenues à l'occasion dud. siege de Pontaise. » (Notes de Maupoint.)

2. Sur ce personnage, qui joua un grand rôle dans le procès de condamnation de Jeanne d'Arc et déposa dans le procès de réhabilitation, voy. le recueil de M. Jules Quicherat et particulièrement une note du tome I, p. 30.

dirent douze mil chevaux et plus par famine. Ce voyage estoit nommé le voyage de Tartas pour ce que, à la cause de la cité de Tartas, le roy fut meu d'aller oudit pays, car aultrement on l'eut rendue aux Anglois.

23. Celle année, depuis la mi-mars jusqu'à la mi-avril, la riviere de Saine fut tellement desrivée que elle creut jusque pres de l'hostel de cette ville.

24. Le duc de Bretaigne mourut cette année en son pays.

25. Celle année fut tres perilleuse de feu. La ville du Quesnoy en Haynault fut arse par feu d'avanture, pareillement la ville de Nogent-sur-Saine, pareillement la plus grant partie de la cité de Tholoze, et maintes aultres bonnes villes et villages en furent tres fort dommagées, pareillement en cette ville maintes maisons par feu d'avanture furent arses, entre lesquelles la sale et chappelle de Saint-Fursey [1] fut arse le vi avril.

26. L'an M CCCC XLIII comptay comme dict est ou XLIe fuellet precedent, le premier jour de janvier advint et fut au mardi. Celluy an fut plantureux de bleds et de vins, mais les vins furent tres chers. Le sextier du meilleur froment estoit vendu XIX s. IV d. par. et ainsi des aultres grains, toujours en ravallant.

27. Celle année monsieur Louis, seul fils du roy nostre sire, dauphin de France, par tres grant prouesse et prudence vers la mi-aoust leva le siege que, dix mois avoit passéz, les Anglois avoient assis et tenu devant les François, estans en la ville de Dieppe sur la mer, et lesquels Anglois à la fortification de leurdict siege avoi[en]t faicte une forte et merveilleuse bastille et fort garnie de gens d'armes anglois valians, comme on disoit, et de vivres, laquelle neantmoins fut prise par assault et là perdirent les Anglois moult de leurs gens, comme on estimoit, jusqu'au nombre de unze cent hommes mors et environ quatre cent prisonniers, dont les Anglois furent fort travelliéz et esbahis, car avec les hommes ils perdirent grant et belle artillierie et grant chevance. François par tout ce royaulme furent fort resjouis de cette chose. Ce fut la premiere armée et le premier faict d'armes de mondit seigneur le dauphin lequel, comme le plus de gens disoient, à ce temps estoit en l'aage de vint ans et non plus [2].

---

1. « C'estoit la chapelle de l'infirmerie de ce prieuré de Sainte-Catherine. » (Note du P. Quesnel.)

2. Lorsque le siége fut levé, le 15 août 1443, le dauphin avait accompli sa vingtième année depuis le 3 juillet.

28. L'an M CCCCXLIV, le mardi XXI de janvier, furent publiées parmi Paris les ordonances sur le faict de la mutation des monnoies declerées ou mandement royal en datte donné à Saulmur le XIXᵉ jour de novembre l'an de grace M CCCC XLIII et du regne du roy Charles VIIᵉ le XXIIᵉ, ainsi signé : Par le roy en son conseil, DUBAN[1].

29. A la mi-avril ensuivant le sextier du meilleur fourment estoit vendu XII s. par., saigle VIII s. p., orge IV s. p. etc. Vins estoient à tres grant vilté. Le premier jour de janvier fut un mercredi. Le pain tout blanc de pur froment et de blanche fleur tout cuit, pesant onze onces, environ le commencement de may fut mis et ce à un denier par. Adonc avoit on une quarte de bon vin sain et net pour 4 den. par.

3o. En ce temps le roy nostre sire vint en la cité de Tours et, depuis ce, ce assemblerent en ladicte cité de Tours monsieur le daulphin de France, monsieur le duc d'Orleans et plusieurs aultres ducs, comtes, barons, chevaliers, archevesquez, evesquez, abbéz et plusieurs aultres seigneurs temporels et espirituels de grant estat, de valiance et gens aussi de grant conseil avec le roy de France nostre sire, gens aussi, comme on disoit, espirituels et temporels de grand estat pour le parti des Anglois dès le commencement du mois de may tous assembléz en ladicte cité de Tours, afin de pourparler et traictier la paix generale des deux royaulmes de France et d'Engleterre. En laquelle cause on feit en cette cité de Paris maintes devotes pourcessions; mais especialement le mercredi XIII dud. mois de may, en compagnie de plusieurs corps saints et sainctes et aultres reliques, furent aportéz les corps sains de monsieur S. Marcel et de madame Saincte Geneviefve en l'esglise de N.-D. de Paris. Et le vendredi ensuivant qui fut le vendredi XV dudit mois de may M CCCC XLIIII, en moult grant reverance et devotion par monsieur Denis du Moulin, patriarche de Anthioche et evesque de Paris, accompaignié de monsieur l'evesque de Limoge, de messieurs les abbéz de S.-Mor, de S.-Magloire, de Laigny, de S.-Germain-des-Préz, tres veneraument tous revestus en pontificaux, accompagniéz de messieurs de la Saincte Chappelle du Pallais royal à Paris, de tous les notables colleges secu-

---

1. Le P. Quesnel, n'ayant pas reconnu ici le nom du secrétaire du conseil, a écrit : et un ban. Voy. cette ordonnance dans les *Ord. des rois de Fr.*, t. XIII, p. 386.

liers et reguliers de la cité et ville de Paris, des paroisses aussi et de grant quantité de notable peuple estimé au nombre de quarante mil personnes et plus, furent portés les precieux reliques, c'est ascavoir le chef mons. S. Louis, la vraye croix de l'esglise de Nostre-Dame de Paris, la châsse S. Benoist, le S. Innocent[1], le chef S. Jacquez apostre, le bras S. Thomas d'Aquin, le bras S. Oportune, le bras S. George, le doigt S. Jacques apostre, et plusieurs sainctes et solemneles reliques de plusieurs corps saincts et sainctes et toutes en la reverence que dict est, et le precieux corps de nostre seigneur Jesus-Christ et sacrement de l'autel bouilly[2] pris en l'esglise monsieur Sainct-Jean-Baptiste en Greve, accompagnié de deux mille et cinq cens torches ardens et plus, tres solemnellement furent aportées en l'esglise de ceans et par nous prieur et convent veneraument reçeues au gré d'un chascun. Maistre Jean de l'Olive, docteur en theologie, chanoine de Paris, ce jour moult solemnellement prescha en nostre cloistre. Monsieur l'evesque et comte de Beauvais ce jour, en tres grant solemnité, celebra ceans la grant messe.

31. Le mardi, xiie jour de may oudit an, par les carefours de Paris fut crié et publié le Landit à tenir ou mois de juin ou estre tenu selon la forme du mandement donné aux Montis lès Tours le xve jour d'avril m cccc xliiii apres Pasches, duquel mandement j'ai la copie ceans. Et fut crié estre tenu en la ville de Sainct-Denis jusqu'à iiii ans franc de tous aides, subsides, peages etc., lequel Landit ne avoit mais esté tenu depuis l'an m cccc xxviii.

32. Par le comte de Sufford, d'Engleterre, le dimanche xxiiii dudit mois de may m cccc xliiii, pour et ou non du roy d'Engleterre et pour luy fut fiancée dame Marguerite d'Anjou, fille du roy Renier, roy de Cecile, frere de la reyne de France et de monsieur Charles d'Anjou.

33. Le xxviii de may oudit an, par monsieur le duc d'Orleans, monseigneur le comte de Vendosme et aultres grands seigneurs pour les pays des royaulmes de France et d'Engleterre furent faictes et accordées treves commençant le premier jour de juing

---

1. Saint Richard, jeune enfant martyrisé à Pontoise au xiie siècle par des Juifs et dont le corps avait été transporté dans l'église des Saints-Innocents. De cette relique Paris ne possédait plus à cette époque que la tête, le reste ayant été enlevé par les Anglais.

2. L'hostie miraculeuse bouillie par un Juif rue des Billettes le jour de Pâques 1290.

ensuivant et finissant le premier jour d'avril à soleil levant l'an
m cccc xlv avant Pasques, qui sont xii mois de treves et cessations
de toutes guerres. J'ai ceans le double du traictié desdictes treves
et un cayer (?) devers moy, etc.

34. Tantost apres ce, le roy nostre sire se en alla en Bassegni et
ou Vaul-de-Mes en Lorraine, pour remettre ceux de la cité de Mes
en sa dition et en obeissance. Et pareillement monsieur le daulphin se en alla en la comté de Montbelial et devant la grant Basle
en Allemaigne pour secourir le comte de Montbelial, son frère[1]
à cause de dame Arragonde de France que ledit comte avoit fiancée, et auquel comte les Allemans faisoient maints griefs et donmages, lesquieux monsieur le dauphin subjuga et eut maintes
grants batailles et victoires sur lesdicts Allemans. Le roy demoura
oudit pays de Lorraine depuis ledit temps de treves données jusqu'au mois de may ensuivant l'an m cccc xlv et monsieur le dauphin oudit pays d'Alemaigne jusqu'à la fin de mars ensuivant,
durant lequel temps tous les pays de ce royaulme furent et demeu-
rent en grant seureté et tranquillité.

35. Pour aucuns imposts et aydes et aultres griefs que on faisoit sur plusieurs des officiers de nostre mere l'Université de
Paris, le ii° jour de septembre, furent faictes generales cessations
de tous faicts d'estudes et d'eschole et de predications et durerent
jusqu'au jeudi xv d'octobre ensuivant, ouquel jour furent resumées les leçons et faicts d'eschole, mais non pas predications, lesquelles predications furent resumées le dimanche jour de *Judica*
xiiii° de mars ensuivant.

36. La devant dicte dame Marguerite d'Anjou, pour aller en
Engleterre devers son mary, arriva en cette ville de Paris le lundi
xv de mars après *Judica* m ccccxliiii et le mercredi ensuivant elle
se en departit pour aller oudit pays de Engleterre, laquelle fut
convoiée et menée jusqu'à Poissy par monsieur le duc et madame
la duchesse d'Orleans, monsieur d'Alençon, monsieur le prince
de Calabre, frere de ladicte dame, et plusieurs aultres grands seigneurs, chevaliers, barons et esculers et par eux fut délivrée au
duc d'Yord audit lieu de Poissy, pour et ou nom dudit roy d'Engleterre.

---

1. Sigismond, fils du duc d'Autriche et fiancé à Radegonde de France,
n'était pas comte de Montbéliard. Le comté de Montbéliard appartenait alors
à Louis Ier, comte de Wurtemberg.

37. Pour ce que, à la cause et poursuitte de aulcunes gens, prelats et aultres de l'esglise, se tenoit à Basle en Allemaigne ung conceil que on disoit estre le conceil general de l'esglise et, lesquels avoient osé toucher à la deposition de nostre sainct pere Eugene IV et eslire le duc de Savoye en pape, il sembloit à plusieurs que il eut discorde et division en l'esglise. Item, aulcuns tenans l'opinion de ceulx dudit conceil derogeoient fort et diminuoient l'authorité, dignité et puissance de nostre sainct pere pape, disants en somme le conseil general estre dessus le pape et non aultrement, pourquoy grande disceptation fut meue entre tous nos maistres de la faculté de theologie et ad cette cause furent faictes grandes disputations publiques entr'eux, lesquelles commencerent au college de Sainct-Bernard à Paris le samedi viiie du mois d'aoust m cccc xliiii. Ce jour respondit maistre Jean Beroust, docteur en theologie. Avec luy estoient maistre Guillaume Everard, docteur en theologie et curé de Sainct Gervais, maistre Denis Sabrenois, curé de Sainct Severin et docteur en theologie, et maistre Jehan Pain-et-Cher, aussi docteur en theologie, tousjours respondens et soustenants les opinions du conceil contre le surplus de tous nos maistres de theologie. Reverend pere en Dieu monsieur maistre Pierre de Versailles[1], evesque de Meaux et docteur en theologie, maistre Robert Siboule, chanoine de Paris, maistre Robert de la Porte, augustin, docteurs en theologie, ce jour arguerent solemnellement et bien. Le mardi ensuivant, mercredi, vendredi et le lundi xviie dudit mois, par aultres de nos maistres pareillement fut argué contre les dessusd. respondents. Le mardi xviiie jour dudit mois, comme dict est, fut solemnelement et bien argué par nostre maistre, maistre Jean de Conflans, chanoine de Paris et docteur en theologie, et repondu par le devant dit nostre maistre, maistre Guillaume Everard et depuis par plusieurs de nos maistres de theologie, et par plusieurs jours entresuivants fut solemnellement argué et solemnellement respondu par nos maistres dessusdicts respondants. Le mercredi deuxieme jour de septembre, le devant dict monsieur l'evesque de Meaux et ses adjoincts ne voulurent arguer, mais vouloit respondre, ce que ne voulurent souffrir nos devantdicts nos maistres respondens, disans que, comme

---

1. La copie du P. Quesnel porte *Jean de Varfeuillie*. Maupoint ne s'était probablement trompé que sur le prénom de cet évêque et le nom de famille ne s'est trouvé ainsi altéré que par suite d'une mauvaise lecture de son copiste.

conclu avoit esté par nostre mere l'Université, tous nos maistres de theologie qui vouldroient arguer argueroient et ils respondroient. Et ledit monsieur de Meaux disoit plusieurs choses au contraire et, pour ce que ce jour ne pot estre receu à respondre, il appella à nostre mere l'Université et à tant pour cette heure fut terminée ladicte solemnelle disputation.

38. Sequitur positio magistri nostri magistri Joannis Beroust, doctoris in theologia, et suorum adherentium, dicentium authoritatem generalium conciliorum esse super authoritatem pape fidelis.

« Prima propositio : Summus pontifex tenetur obedire consilio generali universalis ecclesie militantis in his quæ pertinent ad fidem et schismatum extirpationem et ad generalem reformationem ipsius ecclesie in capite et in membris.

« Primum correlarium : Consilium generale est supremum tribunal in terris et supra tribunal summi pontificis.

« Secundum correlarium : Nonus articulus positus in instructionibus Universitatis est juste, canonice et sancte positus.

« Et specialius ad materiam descendendo quæ sacri Basiliensis concilii et domini Eugenii pape concernit discordium, in medium erit exaltanda universalis ecclesie catholice authoritas residens in generalium conciliorum congregatione celebri, a qua fides et Evangelium omnisque sane et catholice doctrine pendet stabilitas, ubi heresum extirpatio, amputatio schismatum, morum compositio, vitiorum abdicatio et omnis vivendi regula salutaris sumpserunt originem, de quorum synodorum fide, adhesione, obedientia et authoritate amplectandis nullus sane mentis dubitat et a quibus recedere non licet preter salutis interitum. »

Sciendum quod per dominum nostrum Carolum septimum, regem Francie et plures nobiles et prelatos regni et delphinatus, hoc anno m iiii^c xliv, erat Bituris consilium ecclesie Gallicane celebrandum, quare Universitas Parisiensis disponebat ambaxiatores per eam destinandos in ipso concilio, quibus dabantur plures instructionum articuli [1], inter quos nonus articulus ipsarum instructionum qui a pluribus non est receptus, imo visus est retractandus, cujus causa mota fuit et facta in mense Augusti eodem anno solemnis disputatio apud Sanctum Bernardum Parisius inter magistros nostros facultatis theologie, cujus quidem noni

---

1. Voyez ces instructions dans Du Boulay, *Hist. univ. Par.*, t. V, p. 585 et suiv.

articuli forma sequitur et est talis : « Illa propositio et duo corre-
laria et ille nonus articulus non stant in veritate nec bene sonant,
quia authoritas pape fidelis, id est christiani et sine hesitatione
credentis et predicantis articulos fidei, est tanta quanta erat in
beato Petro apostolo, sed ipse beatus Petrus authoritatem et prin-
cipatum habebat super totam ecclesiam temporibus suis existen-
tem et eidem præerat. » Ergo et papa habet plenitudinem potestatis
et authoritatis super universalem ecclesiam, quod est contra pre-
dicta re et verius, nam ipse magister Joannes Beroust in die Mercurii xii mensis Augusti eodem anno m iiii^c xliv, magistro Joanne
Doxy, sacre theologie professore, arguente publice et in ipsis
scholis sancti Bernardi, confessus est quod sequitur et dixit sic :
« Summus pontifex super universalem ecclesiam presidentiam
habet immediate a Christo », quod est directe contra suum secundum corollarium prius positum et cetera alia per ipsum posita.
Et sic terminata est illa solemnis disputatio.

39. L'an m iiii^c xlv compté selon l'usage de Rome, le premier
jour de janvier advint et fut au vendredi. Le prix du bled, et la
seureté et tranquillité se entresuivirent comme depuis le mois de
juing precedent.

40. Le samedi xxvi du mois de juing oudit an, monsieur le
comte de Vendosme, grant maistre d'hostel du Roy nostre sire,
monsieur de Laval, monsieur de Guemené-Guinquant[1], chancelier
de Bretaigne, monsieur Jacques Jouvenel, archevesque de Rheims
et plusieurs aultres grands seigneurs, tant de l'estat de clergié
comme de l'estat de noblesse, se departirent de cette ville pour
aller en Engleterre, afin de traictier et pourparler de la paix des
deux royaulmes.

41. Le roy de France nostre sire, le roy de Cecile, monsieur le
dauphin, monsieur Charles d'Anjou, monsieur le comte de Tancarville, monsieur le comte d'Alençon et plusieurs aultres grans
seigneurs, la reyne de France, la reyne de Cecile, madame la dauphine, madame la duchesse de Bourgongne et aultres plusieurs
nobles dames, depuis le commencement du mois de may jusqu'au
xxe jour du mois d'aoust ensuivant, furent et demourerent à Châlons en Champagne.

---

1. Le texte porte *Guibelin*. Voy. sur Guéméné-Guingamp les relations de
l'ambassade publiées par J. Stevenson, *English wars in France*, t. I, p. 92
et suiv., 154 et suiv.

42. Et notez que plusieurs doubterent tres fort de nouvelle guerre entre le roy nostredit sire et monsieur le duc de Bourgongne, mais par la pitié de Dieu il fut pourveu, car vers le commancement du mois de juillet oudit an M IIII^c XLV, paix fut confermée, criée et publiée entre tous les princes desusdicts et tous les aultres princes et seigneurs de ce royaulme [1].

43. En ce temps, de par le duc d'Yord d'Engleterre estoit audit lieu de Chaalons grant ambassade devers le roy nostredit sire, afin de demender une des filles de France pour ledit duc d'Yord, laquelle luy fut refusée.

44. Madame la dauphine, fille du roy d'Escoce, le lundi xvi d'aoust oudit an M IIII^c XLV trespassa oudit lieu de Chaalons. Environ la fin dudit mois d'aoust, les filles d'Escoce, sœurs de madicte dame la dauphine [2], arriverent en ceste ville et le lundi vi de septembre se departirent de cette ville pour aller à Meun, l[à] où on disoit estre le roy de France.

45. Les devantdicts seigneurs ambassadeurs qui, le devant dict samedi xxvi de juin, se estoient departis de cette ville, du retour arriverent en cette ville le jeudi dix-neufvieme de septembre ensuivant et oudit an.

46. Le mardi xiie jour d'avril apres Pasques fleuries oudit an M IIII^c XLV, la lune estant en son plain, entre trois et cinq heures apres minuict, y gela à glace et tres fort en tout ce pays cy et en tous les marchéz d'environ jusqu'à cinquante lieues inclues. Et pour ce toutes les vignes et arbres à fruict furent du tout gelées, dont se entresuivit tres grant cherté de vin et presque de tous aultres biens et maint aultres grands dommages en tout ce pays.

47. Le dimanche premier jour du mois de janvier en l'an M IIII^c XLVI[3], par toutes les esglises de Paris fut chanté le *Te Deum laudamus*, pour ce que de nouveau et ne avoit guiere, la reyne

---

1. Deux traités furent signés à Châlons entre les rois de France et de Sicile d'une part, et Isabelle de Portugal, ayant les pouvoirs de son mari le duc de Bourgogne, de l'autre; le premier à la date du 24 juin, le second le 6 juillet 1445.

2. Jeanne et Eléonore d'Ecosse; cette dernière épousa à Châlons Sigismond d'Autriche, le fiancé de Radegonde de Valois.

3. Maupoint oublie sa résolution de suivre le style romain et se conforme à l'usage de son temps qui commençait l'année à Pâques. Cela résulte de la date qu'il assigne au *Te Deum* chanté pour la naissance du duc de Berry, né le 26 décembre 1446.

de France avoit eu et estoit accouchée d'un beaul filx, lequel estoit nommé Charles, *cui rex carne pater fuerat et erat rex Carolus septimus reginaque mater domina Maria d'Anjou.*

48. Prognosticatio facta super fortuna ipsius Caroli[1], filii ipsius Caroli septimi regis Francorum, facta, inquam, super fortuna ipsius Caroli nati anno Domini m⁰ iiii⁰ xl⁰ vi⁰ in fine mensis decembris:

« Iracundus, mobilis et timidus erit, rerum alienarum invidus et cupidus, homo cautus; multas insidias et pericula per feminas habebit contra se, lites multas et tristitias plures patietur in juventute, divitiis multis abundabit et erit potens in hominibus. Porro uxor ei non dabitur, precordiorum dolores patietur, dies Martis et Saturni erunt ei meliores, dies Solis malus. Vivet autem annis octuaginta duobus, mensibus quatuor, secundum naturam. »

49. La ville et cité de Rouhen, laquelle dès l'an m iiii^c xvi avoit esté detenue et occupée par les Anglois, le xxvie jour d'octobre l'an m iiii^c xlix, par la bonne affection des gens d'esglise et des nobles et bourgeois d'icelle et pour l'honneur que ils vouloient à la couronne et aux fleurs de lys de France, fut mise hors des mains des Anglois et remise et reduitte en l'obeissance du roy nostre sire Charles septieme de ce nom, et de là ensuitte tout le pays et duché de Normandie et à l'environ.

50. Le samedi, septieme jour du mois de janvier m iiii^c lvii [anc. style], arriverent en cette ville de Paris l'archevesque de Colox[2] et aultres prelats et plusieurs grands seigneurs et barons, tant ecclesiastiques que seculiers, des royaulme et pays de Hongrie et de Bohesme, lesquels, dès le mois de novembre precedent, avoient esté à Tours en Thoraine, là où estoit lors le roy nostre sire ou environ et pour le roy Lancelot, roy desdicts pays, avoient demendée en mariage dame Magdeleine, fille du roy nostre sire, laquelle sur certains points et à certaines grandes alliances leur avoit esté accordée et de faict fiancée, et avoit esté conclue et assignée journée de l'espouser à ces prochaines beneitions d'après la Thiphaine; mais est vray que la veille de Noel oudit an, de par les heritiers et seigneurs desdicts pays arriverent oudit lieu de

---

1. « Hic Carolus, filius Caroli septimi regis Francorum, dux Aquitaniæ, « frater ipsius Ludovici regis, nunc regnantis, decessit seu obiit in civitate « Burdegalensi circa medium mensis maii 1472. » Cette addition doit être attribuée sans aucune hésitation à Maupoint.

2. Etienne, archevêque de Colocza.

Tours plusieurs herauls, lesquels aporterent vrayes et certaines lettres, par lesquelles il apparoit de la mort et trespassement dudit roy Lancelot, lequel estoit trespassé à Boesme par maladie de epidimie le jour sainct Clement precedent[1]. Et partant fut rompue leur ambassade et tantost après ledit jour de Noel, reprindrent le chemin à eux en retourner en leur pays, et duquel leur retour ils ariverent en cette ville de Paris ledit jour de samedi et furent reçeus moult veneraulment par messieurs les evesques de Paris, de Langres, de Noyon, de Meaux et aultres grands prelats, par monsieur de Loiac, mareschal de France, par monsieur de Gaucourt[2], grand maistre d'hostel du roy nostredit sire, par monsieur Robert d'Estouteville, chevallier, baron d'Ivry et prevost de Paris, et aultres grands seigneurs temporels. Et furent logéz les uns en la rue Sainct-Jacques et en la rue de la Herpe, et les autres en l'hostel de Couci et à l'Ours de la porte Bauldet, et au Faulcon et à la Crosse, et grandement festoiéz desdits prelats et seigneurs et des prevost des marchants et eschevins et de plusieurs bourgeois de Paris.

51. Le dimanche ensuivant, leurs furent monstrées les sainctes reliques du Palaix. Ce jour et le lundi ensuivant, en la grande esglise de Paris furent faictes obseques, ouï[3] les messes et suffrages des morts pour le salut de l'ame du roy Lancelot. Ledit jour de lundi, l'Université de Paris fut ceans en procession tres veneraulment et le mardi ensuivant la cour de parlement fut tres veneraulment assemblée en la grant chambre de parlement, et là vinrent en grant compaignie et reverance lesdits prelats et seigneurs de Hongrie et de Boesme, lesquels furent assis tres honnestement entre les seigneurs de ladicte cour. Et fut plaidié en leur presence et en latin et en françois, dont lesdicts prelas et seigneurs furent joyeulx. Et en tant que touche leur despence ordinaire, ils furent grandement festoyéz aux despens du roy nostre sire et du tout deffrayés, et, pour parfaire leur retour, ils departirent de Paris le mercredi matin unzieme jour du mois de janvier M IIII[c] LVII [anc. style], et allerent au giste en la cité de Meaux. Ledict roy Lancelot estoit aagé de XIX ans et environ, ladicte dame Magdelene de France estoit aagée de XVIII ans et environ.

52. La surveille de Saincte Catherine [25 novembre] oudit an M IIII[c] LVII, il commença à geler et gevrier tres aprement, sans

---

1. Le 23 novembre 1457. — 2. Ms. *Gaucerest.* — 3. Ms. *uni.*

pluye et sans neiges, et gela continuellement jusque au jour Sainct-Valentin ensuivant. Le jour S. Thomas apostre [21 décembre] oudit an, il commença à neiger et environ sept jours de suivant, et plusieurs heures il neiga tres fortement et tres habondament, et durerent les neiges sur terre jusqu'au xviiii de febvrier ensuivant. Ledit jour S. Thomas, la riviere de Saine fut toute gellée à bout et demoura gelée jusqu'au quatriesme jour de febvrier, auquel jour il commença à desgeler et puis regeloit tous les jours jusques audit jour S. Valentin et furent les bleds en grant danger, mais loué soit Dieu! il ne creut (?) nul mal.

53. Le dimanche xixe jour du mois de juillet m iiii^c lxi, ainsi comme environ sept heures apres midi, furent aportées lettres à monsieur de Paris par lesquelles luy estoit mandé, par le conseil du roy Charles septiesme de ce nom, que ledit roy estoit tres fort malade. Et pour ce ordonna mondit sieur de Paris que, afin de Dieu prier pour la santé du roy, on feroit le lundi ensuivant processions generales solemnelles à chappes et reliques en l'esglise Saincte-Genevieve et furent faictes. Le mardi ensuivant, pour cette cause, l'Université de Paris feist processions generales en l'esglise Nostre-Dame de Paris. Le mercredi ensuivant fut le jour de la feste Marie-Magdelene. Le jeudi ensuivant par monsieur de Paris et tout le clergé et peuple de Paris furent faictes processions generales et solempnelles, et en tres grant reverence de prelas et nobles fut ceans aporté le precieux corps de nostre seigneur pris en Sainct-Jean en Greve. Le vendredi ensuivant, messieurs de la Chambre des comptes estans en la Saincte-Chapelle du Pallaix à Paris et cuidans faire une tres reverende processions nuds pieds et à cierges, il leur furent aportées lettres par lesquelles il leur apparut certainement que ledit jour de mercredi precedent, ledit roy Charles estoit trespassé à Meun en Berry, et partant cesserent de leur procession, et feirent dire plusieurs messes de *Requiem*, et en especial par les chanoines et chappellains de iadicte Saincte-Chappelle furent celebrées et commandaces et messes des trespasséz pour le sallut de l'ame dudit feu roy de France Charles septiesme, cui Dieu pardoint.

54. Et notéz que ledit roy delaissa plusieurs enfens filx et fillies, et en especial il laissa deux fils, l'un nommé Loys, aagé de [x]xxviii ans [1] ou environ, l'aultre nommé Charles, lequel, comme

---

1. Le chiffre xxviii doit être mis à la charge du copiste; Maupoint avait

on disoit, estoit ou xvi° an de son aage [1]. Ledit Loys lors estoit es pays de Flandres, Brebant et Henault esquels il se estoit retraict, ja passé avoit cinq ans, afin de fuir et eviter la fureur et rigueur que son dit feu pere luy avoit voulu faire, comme on disoit. Et ledit Charles estoit à Bourges en Berri, où il avoit esté né et nouri de sa jeunnesse.

55. *Et nota item* que ledit roy Charles septiesme trespassa audit lieu de Meun en Berry ledict jour de mercredi xxii° dudit mois [de] juillet environ une heure apres midi oudict an м iiii°c lxi, la lune estant en son plain et en plain aoust en ce pays cy, et estoit ce royaulme en plaine paix et bonne tranquillité tout par tout, et estoit le temps en tres bonne disposition de avoir bien prochainement plains vandanges et bonnes.

56. Plusieurs nobles et plusieurs gens d'esglise et aussi plusieurs bourgeois de cette bonne ville de Paris et de ce pays de France, dès ledict jour de vendredi xxiv dudict mois de juillet oudict an mccccLxi, se departirent de Paris et du pays d'environ et se en allerent oudict pays de Henault, Breban et Flandres, esquels, comme dict est, estoit ledict Loys dauphin de France, les uns afin de avoir de luy estats, gouvernemens et offices, les aultres afin de le voir et par supplications entretenir et maintenir en leur estats, gouvernemens et offices leurs parens et amis, lesquels avoient servi le feu roi Charles septiesme, pere de Loys. Lesquels ne feirent rien, pour ce que ledict Loys ne volt entendre ne proceder à aulcune execution, faire contre aultruy ou donner aulcune provision jusques à ce que ledict roy trespassé fut enseveli et mis en terre, et que luy mesme fut sacré à Rheims, et que il eut faict son entrée à Paris, ouquel lieu il disoit que il orroit [2] les seigneurs de son sang et aultres nobles avec lesquieulx il aroit conseil et, par le conseil et le bon advis des seigneurs de son sang et aultres nobles et sages du royaulme, il pourvoiroit aux estats, offices et gouvernement d'icelluy. Nonobstant ce, et ce temps pendent, il desmit et desapointa les admiraulx, mareschaux, capitaines et tous chefs de guerre.

57. Ledict roy Charles septiesme de ce nom trespassé fut apporté de Meun à Bourges et de Bourges à Paris. Le v° jour du mois

---

certainement écrit xxxviii, et le P. Quesnel aura oublié un x en copiant.

1. Il devait accomplir sa quinzième année le 28 décembre 1461.

2. Ms. *aroit.*

d'aoust[1] oudit an MCCCCLXI, ledict feu roy Charles fut aporté en l'esglise Nostre-Dame-des-Champs pres de Paris. Le jeudi ensuivant tantost après midi, en moult grant reverence de XIII prelas mittréz et crosséz, monsieur l'evesque de Paris absent, pour ce que il estoit devers ledit Loys, nouveau roy de France, et de plusieurs aultres dignitéz de l'esglise, avec tout le clergé de Paris, en grant reverence, aussi de nosseigneurs le duc d'Orleans, les comtes d'Angoulesme et de Dunois e. aultres et plusieurs aultres nobles seigneurs, barons, chevalierz et escuyers et de tout le peuple de Paris, ledict feu roy fut aporté en l'esglise Nostre-Dame de Paris, ouquel lieu ce jour furent dictes vigiles. Et le vendredi ensuivant, en la dicte esglise de Paris fut dicte et celebrée une messe de *Requiem* par monsieur le patriarche de Jerusalem, archevesque de Narbonne[2], monsieur l'evesque de Poictier diacre monsieur l'evesque de Beziers sous diacre, messieurs les evesques de Chartres et de Meaux choreaulx et plusieurs aultres evesques, prelats et abbéz avec messieurs de chapitre de Paris et leurs supposts. Et ce dit jour de vendredi apres disner, en la reverence que dessus, ledict feu roy Charles fut aporté de la dicte esglise de Paris à l'entrée du champ du Landit, et là par monseigneur l'evesque de Chartres et le chapitre de Paris fut presenté à monsieur l'abbé de Sainct-Germain-des-Préz, stipulant et officiant pour monsieur l'abbé de Sainct-Denis en France, et aux religieux et convent de ladicte esglise Sainct-Denis, lesquels relligieux de Sainct-Denis et abbé de Sainct-Germain, avec tout le peuple de ladicte ville Sainct-Denis, receurent ledict feu roy en grant reverance, et de ce jour fut porté en ladicte esglise de Sainct-Denis.

Le samedi ensuivant, en ladicte esglise de Sainct-Denis furent dictes et celebrées vigiles et commandaces et messes, tant comme il fut possible de en dire, et ce faict fut enseveli et enterré en la chappelle à la partie devers le cloistre de ladicte abbaye Sainct-Denis. Et lors furent faicts grands plours et grants gemissements de plusieurs gens d'esglise, prelas et aultres et de plusieurs nobles, grands seigneurs, barons et aultres et de bourgeois sans nombre. *Anima ejus requiescat in pace. Amen.*

58. *Nota hic* que le mercredi, xve jour dudict mois de juillet oudict an M IIII^c LXI, il cessa de plouvoir en ce pays cy, et feist

---

1. C'était un mercredi.
2. Louis d'Harcourt.

grant hale de secheresse dudict jour jusqu'au jour de mercredi ix⁰ jour du mois de septembre ensuivant, ouquel jour il commença de plouvoir.

59. Pro Ludovico, primogenito Caroli Francorum regis septimi, nato anno m⁰ iiii⁰ xxiii⁰ in mense julii, ut dicitur, pronosticatio facta de ipso cum periodo :

« Hic erit equalis statura et ad modicum maculosus[1] in corpore, animosus venationem sequetur, suis erit familiaris et affabilis, equora transibit et in aquis pericula multa sustinebit. Que si evaserit, crescet in divitiis. Propter invidiam, jurgia et lites a parentibus et propinquis patietur. Tandem ultionem obtinebit de emulis et in senectute consequetur bonam fortunam. Dies Lune, Jovis et Veneris erunt ei propitii, dies Martis malus. Vivet autem annis septuaginta naturaliter. »

60. Le mecredi xxii⁰ du mois de juillet, jour de la feste sainte Marie Magdalaine, en l'an mil IIII⁰ soixante et ung, le roy Charles septiesme de ce nom ala de vie à trespassement ou chastel de Mun en Barri, lequel delaissa plusieurs enffens filz et filles vivens; en especial il delaissa deux filz, c'est assavoir Loys son ayné filx et daulphin de Vienne et Charles mineur de ans, et lequel Loys, aagé de trente et viii ans tous acomplis, le samedi quinziesme du mois d'aoust jour de la feste de l'Asumpcion Nostre Dame oudit an fut sacré roy de France en la grant esglise de Reims, aconpaigné des pers de France : c'est assavoir monseigneur l'arcevesque de Reims, les evesques do Langres et de Laon, ducs; les evesques de Noion, Chaalons et Beaulvais, pers contes; monseigneur Phelippe, duc de Bourgongne, per duc à cause de la duché de Bourgongne et per conte à cause de la conté de Flandres. Le roy tient la duché de Normendie et la duché d'Acquitaine, la conté de Champaignie et la conté de Tholose. Item, et en la compaignie dudit Louis, roy de France, et desdiz pers lors à Reins estoient le duc de Clevez et Aloph, son frere et les contes de Nevers[2] et d'Estampes[3], eulx quatre nepveus dud. duc de Bour-

---

1. *Maculosus* ne signifie pas ici *marqué*, comme dans le latin classique, mais *corpulent*.

2. Le comte de Nevers, Charles de Bourgogne, n'était pas le neveu, mais le cousin germain de Philippe-le-Bon.

3. Il faut en dire autant du comte d'Etampes. Ce titre désigne ici Jean de Bourgogne, frère cadet de Charles de Bourgogne et son successeur dans le comté de Nevers. Jean de Bourgogne prenait les titres de comte d'Etampes

gongne, le seigneur de Charrolois filx dudit duc, Phelippe de Savoie frere de la royne fame dudit Loys, seize aultres grans seigneurs et barons chevaliers de la Thoison, ordre dud. duc et plusieurs aultres nobles en grant nombre [comme cy apres s'ensuit][1]. Et ce propre dit jour apres disner oudit an mil IIIIᶜ LXI, ledit

---

et de seigneur de Dourdan (Biblioth. nat., *Quittances*, Fr. 26088, pièces 29, 35).

1. Nous mettons entre crochets les passages ajoutés peu de temps après la rédaction du journal. Le réviseur n'a pas énuméré tous les personnages qui accompagnèrent Louis XI à son sacre, comme il en manifeste l'intention et par les mots entre crochets et par la note marginale suivante : « Cy fault escrire les prelatz et nobles qui furent aud. sacre. » On en trouve la liste dans un fragment de chronique écrit à la fin du xvᵉ s. et qui occupe dans le ms. du Vatican les fol. 93 à 109 vᵒ. L'auteur de cette chronique se désigne assez clairement comme l'historiographe de France par ces mots : « La cause pour quoy s'en estoit alé ledit Loys, daulphin de Viennoys, tant hors de la court de son pere comme de ses seigneuries..., je ne l'ay pas mise cy en escript, pour ce que je n'estoie pas croniqueur adoncques ne n'avoye l'aage de l'estre ne l'entendement de l'enquerir, mes on la trouvera par escript es croniques de sond. pere Charles VIIᵉ, roy de France, se le croniqueur a fait son devoir... » (f. 94).

« S'ensuivent les prelatz et princes qui furent au sacre et couronnement du roy :

« Premierement, monseigneur l'arcevesque de Reims, duc et per. L'evesque de Laon, duc et per. L'evesque de Chalons. L'evesque de Beauvais, duc et per. L'evesque de Paris pour l'evesque de Noyon, conte et per.

« Aultres princes, ducs et contes (a) :

« Le duc de Bourgongne, premier doyen des pers. Le duc de Bourbon pour le duc de Guienne, duc et per. Le comte d'Eu pour le comte de Normandie, comte et per. Le comte de Vandosme pour le comte de Thoulouse, comte et per.

« Aultres princes, ducs et comtes qui ne sont pas pers (b) :

« Le duc de Cleves. [Le] comte de Marle. Le comte de Charroloys. Le comte d'Estampes. Le comte de Genesve. Le comte de Saint-Pol. Le comte de Dunois. Le comte de Harecourt. Le comte de Brianne. Le comte de Porciam. Le comte de Roussy. Le comte de Berth. Le comte de Bouam. Le comte de Brianne. Le filz du marquis de Saluce. Le comte de Sauves, seigneur de Rochelat.

« Autres prelatz :

« Le patriarche d'Anthioche. Le cardinal de Coustances. Le legat du pape. L'arcevesque de Lyon. L'arcevesque de Bourges. L'arcevesque de Bordeaulx. L'evesque du Liege. L'evesque de Trois. L'evesque de Chartres. L'evesque

---

(a). Ces mots ont été ajoutés par la main à qui l'on doit les additions et les renvois de notre journal.

(b). Nous rétablissons ces mots barrés mal à propos.

Loys, sacré roy de France, ce departit de ladite cité de Reins
et prist son chemin [pour aler à Saint-Thierry pres de Reims, et
là receut l'ommaige du duc de Bourgoingne [1], et de là prist son
chemin] à venir devers Paris, lequel arriva en la ville et abbaye
de Saint-Denis en France le mardi, jour de la feste saint Louys,
xxve jour dudit mois d'aoust oudit an mil mr^c LXI, et lequel se
tint ou païs de la France et environ Paris jusques au lundi xxxi^e
et derrenier jour dudit mois d'aoust et oudit an, ou quel jour après
midi il feist son entrée et entra dedens Paris. Lors et ad ce jour
et heure que ledit Louys, roy de France, entra en la ville de Paris,
ilz estoient en sa compaignie nosseigneurs les ducs d'Orleans, de
Bourbon et de Bourgongnie (*sic*), les contes de Nevers, d'Estampes,
de Joingni, de Sancerre, de Cleves et de Charrolois, filx dudit duc
de Bourgongne, et avec eulx estoient deux cents chevaliers et plus[2],
tous chevaliers de non et d'armes en moult grans et riches pompes
et tous sens aulcuns harnois de guerre, la court de Parlement et
tous les officiers roiaulz lors estans à Paris avec tous les grans et
francs bourgois de Paris en tres grant reverance, [et[3] de fait tous
ceulx qui avoyent esté à sondit sacre furent avecques plusieurs
aultres en son entrée de Paris, qui tant fut pompeuse et honorable
que trop seroit long à reciter, car se à son sacre fut grant triumphe
et excellente entrée, encore fut elle plus magnifique et merveilleuse à son entrée à Paris où il fut receu] à la porte Saint-Denis
en grant sollempnité et en grant joie. Toutes les rues de Paris
furent tendues de tapiceries, et parmi Paris furent fais plusieurs et
en plusieurs lieus grans jeus de personnaiges et demonstrées plu-

---

du Puy en Auvergne, abbé de Clugny. L'evesque de Cambray. L'evesque de
Tournay. L'evesque de Sanlis. L'evesque de Soixons. L'evesque d'Albi.
L'evesque de Reinnes en Bretaigne. L'evesque de Lisieux. L'evesque de
Evreux. L'evesque de Sallebric. L'abbé de Saint-Denis en France. L'abbé de
Saint-Denis de Reims. L'abbé de Saint-Vincent de P[aris?]. L'abbé d'Igny. »
(Bibl. du Vatican, fonds de la Reine, Ms. 753, f. 96 et v°). (*a*)

1. La foi et l'hommage furent rendus à Saint-Thierri-lez-Reims le 17 août
et l'acte en fut dressé le même jour. Voyez-le dans Lenglet-Dufresnoy, t. II,
p. 343.

2. *Et plus* manque dans la copie de Quesnel.

3. Le passage entre crochets est un remaniement du texte primitif qui était
ainsi conçu : « et lequel Louys roy de France par les dessusd. fut receu. »

(*a*). Cf. cette liste avec celle qu'a publiée Godefroy dans le *Cérémonial
français*, t. I, p. 173-174, et qui présente avec la nôtre certaings différences.

sieurs histoires anciennes tres belles[1] et par les dessusdiz fut mené
et ce en ala tout droit en l'eglise Nostre-Dame[2] de Paris, et de là

---

1. « Ycy fault escrire comment le roy estoit habillé soubz son ciel et qu'il
le menoyt et tous ceulx principaulx qui estoyent avecques luy en son entrée
et laisser histoyre pour le faire. » Le réviseur n'a pas réalisé son projet, mais
on trouvera tout ce qu'il aurait pu dire, ou à peu près, dans une relation
de l'entrée de Louis XI publiée par Godefroy, t. I, p. 179-181. L'affluence des
curieux venus à Paris pour assister à cette entrée fut si grande que l'évêque
de Rennes ne trouva à se loger que chez un chanoine de Notre-Dame,
M° Simon Cousin qui, pour le recevoir dans sa maison claustrale, dut obtenir
l'autorisation du chapitre. (Arch. nat., Reg. capit. de N.-D., LL 223, p. 278.)

2. Le procès-verbal de ce qui se passa à Notre-Dame, tel qu'il a été rédigé
par le greffier du chapitre, mérite d'être reproduit intégralement : « Hac
die lune ultima ipsius mensis Augusti M° CCCC° LXI°, hora quasi sexta
post meridiem, illustrissimus et christianissimus princeps et dominus
noster dominus Ludovicus, Dei gracia Francorum rex, hujus nominis unde-
cimus, suum, post ejus coronacionem, novum et jocundum Parisius faciens
adventum, dum in Parvisio et ante ecclesiam B. Marie Parisiensis, cujus
clause erant janue, applicuit, in reverendi patris domini Guillelmi Parisiensis
episcopi manibus, reverendissimo patre domino Johanne archiepiscopo
Bitturicensi secum assistente, pontificalibus vestitis indumentis, juramentum
in quadam cedula seu carta pergamenea sibi domino Regi ab eodem domino
Parisiensi episcopo presentata et exhibita descriptum incipiens : « Promitto et
« perdono, etc. »; cujusquidem cedule... tenor inferius inseritur, altera suarum
manuum supra textum sacrorum Evangeliorum apposita et a reliqua hujusmodi cartam... tenens, benignissime fecit et prestitit ac de verbo ad verbum,
prout in eadem cedula... continetur, perlegit, ipso proprius ibidem ab eodem
domino Parisiensi episcopo suo et Parisiensis ecclesie nominibus illud
faciendi et prestandi summato et requisito, dominicam crucem et textum
hujusmodi sacrorum evvangeliorum post hec et illico deosculando. Tenor
autem dicte cedule seu carte sequitur et est talis. « Peticio per episcopum et
« ecclesiam Parisiensem fienda regi in suo jocundo et novo adventu ad eamdem
« ecclesiam. A vobis perdonari petimus ut unicuique de nobis et ecclesiis nobis
« commissis canonicum privilegium et debitam legem atque justiciam conser-
« vetis et defensionem exhibeatis, sicut rex in suo regno debet unicuique
« episcopo et ecclesie sibi commisse. » Responsio regis : « Promitto vobis et
« perdono quia unicuique de vobis et ecclesiis vobis commissis canonicum
« privilegium et debitam legem atque justiciam servabo et defensionem,
« quantum potero, adjuvante domino, exhibebo, sicut rex in suo regno
« unicuique episcopo et ecclesie sibi commisse per rectum exhibere debet. »
Quibus sic actis, ipse dominus noster rex, cui tunc ejusdem ecclesie patefacte
sunt janue, prelibatis dominis archiepiscopo et episcopo, ac decano, cantore,
archidiacono de Josayo, succentore, cancellario, quamplurimisque ejusdem
parisiensis ecclesie canonicis ac aliis beneficiatis et habitum ejusdem defe-
rentibus, cappis cericeis vestitis, ipsum processionaliter precedentibus,
hympnumque *Te Deum laudamus* decantantibus, organis eciam jubilantibus,
luminaribus accensis et campanis pulsantibus ac vulgi turba *Noel Noel*

vint en son palaix, et là soupa en grant liece et y cocha celle nuit,
[auquel soupper royal fut grande seigneurie, dames et damoiselles, dances, festoyemens de pluseurs misteres et merveilleuses
pompes jusques à deux ou trois heures apres mynuyt].

61. Et le lendemin qui fut le mardi premier jour du mois de
septembre, il ouyt sa messe en la Sainte-Chapelle du Palaix et après,
luy estant en la grant sale, il receut les foy et hommaiges desdiz ducs
et contes et de plusieurs chevaliers. Et ce fait furent admenéz devant
luy en la Sale aux Marciers tous les prisonniers lesquelz estoient
lors prisonniers et lesquelz il delivra tous, dont plusieurs furent
joieux, puis disna aud. lieu du Palaix. Et apres disner il s'en vint
en son hostel neuf pres et au dessus de l'ostel des Tournelles en
la rue Saint-Anthoine pres de la Bastille, et là soupa et coucha
icelle nuit, et tint son estat et sa demourance oudit ostel jusques
au jour de son departement de Paris [où maintes joustes et maints
tournoyemens furent fais devant le roy et les seigneurs dessusdiz,
dont le pris gaignerent deux gentilz hommes et de bien noble
maison en especial monseigneur Jehan de Lorraine et ung chevalier alemant nommé monseigneur de Wistam [1], lesquieulx
feirent merveilles]. Les plus grants abbayes et prioréz de Paris
furent pris pour y loger les princes et seigneurs qui n'y avoient
point de hostels, et monsieur de Vendosme et ses gens furent
logéz en ce prieuré de Saincte-Catherine [2].

62. Le lendemin, qui fut le mercredi II[e] jour dudit mois
de septembre oudit an mil IIII[c] LXI, les ducs et une grant partie
des contes et chevaliers et aultres sages se assemblerent et convi-
nerent devers le roy oudit hostel neuf joingnant dudit ostel

---

vociferantibus, eamdem Parisiensem ecclesiam cum omni humilitate introivit,
in qua oracionem suam ante majus altare devotissime fecit et demum ad
ejus palacium iturus ab eadem ecclesia discessit, presentibus ad hec illus-
trissimis et potentissimis principibus et dominis dominia Burgundie
Borbonnii et de Clevis ducibus, de Charroloys ejusdem domini Burgundie
ducis unigenito, de Augo, Nivernensis, de Stampis, Marchie, Vindocinii et
Sancti Pauli comitibus unacum plebis utriusque sexus copiosa multitudine
testibus, etc. et me. » (Signé :) P. LADURÉ, venerabilis capituli Parisiensis
scriba. » Arch. nat., Reg. capit., LL 223, p. 279.

1. Frédéric de Witthem. Il était (Kervyn, édit. Chastellain, t. IV, p. 137,
note) maréchal héréditaire de Limbourg, fils de Jean de Witthem et de
Marguerite de Pallant. Les chroniques de Chastellain et d'Olivier de la
Marche mentionnent ce personnage.

2. Cette phrase est une addition de Maupoint.

des Tournelles pres de la bastille Saint Anthoine, et lors commancerent et proposerent affin de pourveoir aus estas et offices du royaulme, sur quoy ilz labourerent et conselierent par le temps et espace de trois sepmaines; et ce temps pendent furent desapointés plusieurs chefs de guerre, especialement admiraulz, mareschaulz et plusieurs seneschaulz et cappitaines furent desapointéz et aultres moins nobles et de mendres ostelz furent mis en leurs estas et offices. Pareillement le chancelier de France[1], le grant president en Parlement[2], plusieurs des conseilliers, le procureur general du roy[3], les advocas du roy, le prevost de Paris et plusieurs aultres officiers en divers estas [parmi le roiaume] furent du tout desapointés de leurs estas et offices, et aultres tous nouveaulz furent mis et institués en leurs lieus, dont et pourquoy plusieurs personnes furent dolens et desplaisans, et se donnoient grant merveille de telle et si soudaine muance en tant et en si grant nombre d'estas et offices parmi ce royaulme. Et nota que lors on disoit que en ce royaulme avoit soixante et quatre mille offices à gages.

63. Lors et en ce temps estoient en grant nombre et en grant reverance le pathriarche de Constantinoble et les seigneurs de Grece, pareillement y estoient les seigneurs du païs de Liege et plusieurs grans ambassades de loingtains païs, lesquelz furent tous expediés et ce departirent de Paris bien contens du roy nostre sire et de son conseil.

64. Le jeudi xxiiiie jour dudit mois de septembre, ledit roy Loys et sa compaignie ce departirent de Paris, affin de aler à Emboise et aultres païs de la Loire. Et monseigneur Phelippe, duc de Bourgongne, [demoura à Paris tout au long dudit moys de septembre jusques au dernier jour qu'il se partist de son hostel d'Artoys pres des Hales, où maintes personnes l'aloyent veoyr tous les jours, et en especial la grande sale toute tendue de tappisserye de

---

1. Guillaume Jouvenel des Ursins qui, remplacé par Pierre de Morvilliers, ne tarda pas, comme on le verra, à rentrer en charge.

2. Yves de Scepeaux. Son successeur, Hélie de Tourretes, fut installé le 11 septembre 1461 (Reg. du Parl., Conseil, XI[a] 1484, fol. 194). Blanchard se trompe en disant que Hélie de Tourretes fut promu à la charge de premier président par suite de la mort d'Yves de Scepeaux (*Eloges des premiers présid.*). Celui-ci vivait encore le 30 septembre 1461 (Reg. du Parl. déjà cité, fol. 198).

3. Le nouveau procureur-général, Jean de Saint-Romain, prêta serment le 11 septembre (Reg. du Parl., *loc. cit.*).

haulte lice ouvrée de fil d'or touchant le mistere de Gedeon [1]. Et est à noter que ledit duc oyoyt tous les jours sa messe entre deux et trois ou à trois heures apres midi et avoit ceste coustume tousjours, car il veilloyt ainsi de nuyt jusques au jour et faisoit de la nuyt le jour pour veoyr dances, festes et aultres esbatemens toute la nuyt. Et continua ceste vie et ceste maniere jusques à la mort, dont pluseurs gens de bien se esbahissoyent et non sans cause, mes il avoit dispense de ce faire, se disoit on. Lequel dit duc de Bourgoingne, comme dit est, avoit en sa court le roy dessusdit du temps qu'il estoit daulphin, son pere vivant, et y estoit oultre le gré de son pere le roy Charles VIIe et y demoura par l'espace de sept ans ou environ jusques atant que ledit Charles fut trespassé, pour quoy ledit feu Charles par pluseurs foys l'avoyt envoyé quérir; mes, pour ambaxades excellentes qu'il y peult envoyer, oncques ne depuys qu'il y fut ne revint vers son pere et par le conseil et enhortement dudit duc, se disoient pluseurs. Par quoy ledit feu roy][2] Charles VIIe par plusieurs fois avoit eu propos de faire forte et aspre guerre audit duc de Bourgongne. [Et de fait au moys d'aoust ensuivant, dont ledit roy Charles mourut à la Magdaleine en jullet, estoyt ordonné, comme aucuns chefz de guerre disoyent, pour qu'il seroit assailly, mes la mort prevint l'entreprise dudit Charles, par quoy tout cessa de laquelle mort tout le royaume fut troublé, grans et petis, jeunes et vieulx]. Lequel duc, dès lors que il sceut le trespassement dudit feu roy de France, de plus en plus porta honneur et reverance audit Loys, roy de France, en lui offrent or et argent, et tout ce que il lui plairoit[3] à prenre du sien et de ses païs pour son honneur et plaisir; et de fait ledit duc à ses despens et tous ses parens et aliés acompaignierent ledit Loys roy jusques en la cité de Reins, à son sacre, et dudit lieu de Reins jusques à Paris et tous jours le compaignierent mesmez à Paris, tant comme il pleust audit roy Loys estre à Paris, qui fut grant honneur audit roy Loys et grant joie à tous

---

1. Voyez, sur cette tapisserie, Chastellain, édit. Kervyn, t. III, p. 90, et t. IV, p. 94, ainsi que *Les Ducs de Bourgogne* de M. de Laborde, t. I, p. 437.

2. Le passage entre crochets a été substitué aux lignes suivantes : « Lequel, comme dit est, tousjours au moins par le temps et espace de cinq ans et plus avoit soustenu, gardé et nourri ledit Loys lors estant daulphin de France aus propres despens et aus propres deniers dudit duc de Bourgongne et en ses païs et pourquoy ledit feu... »

3. Ms. du Vatican : *plaisoit*.

les seigneurs et peuples des païs du royaulme de France, pour la tres-grant liesce que chascun concepvoit et avoit en soy de veoir le roy et tous les seigneurs de ce royaulme unis et emsemble en la bonne ville de Paris. Ledit duc de Bourgongne et monseigneur de Charrolois, son filx, les contes de Nevers et d'Estampes, plusieurs grans sires, chevaliers, barons et aultres ce departirent de Paris pour eulx en aler en Bourgongne et es aultres païs dudit duc le jeudi premier jour du mois d'octobre oudit an mil cccc soixante et ung [1].

65 [2]. Environ le commancement du mois de novembre [3] ensuivent, à la cause de certaines lettres et mandemens touchens le fait des aides et imposicions par le roy envoiés lors en la cité de Reins, aulcuns du menu peuple de Reins se esmeurent contre les officiers du roy et leur feirent plusieurs grandes injures et de dit et de fait, dont bien tost après lesdiz du menu peuple ce trouverent et furent fort punis et par mort et aultrement, etc. [4]

66. Environ lesdiz trois mois de septembre, octobre et novembre et es aulcuns d'iceulx, il fut deffendu de par le roy à tous les nobles et gens d'esglise et à toutes aultres gens que ilz, ne les aulcuns d'eulx, ne chassassent à sers, sangliers ne aultres bestez, à cor, à cri, à haie ne aultrement, sur peine de griefve punicion en corps et en biens, dont plusieurs du roiaume furent tres desplaisans, mais especialement il en despleust tresfort aus grans seigneurs nobles et à tous gentilz hommes, [et de fait par toutes les bonnes villes de France par le commandement du roy expres et sur grandes peinnes fut ordonné que tous engins à prendre lesd. bestes feussent brulés et mys en cendre, ce qu'il fut ainsi fait, en quoy pluseurs grans seigneurs et gentilz hommes eurent grand dommaige].

67. En celui temps et oudit an mil cccc soixante et ung fut ·

---

1. Le duc de Bourgogne partit dès le 3o septembre, comme l'attestent Du Clercq (Collect. Buchon, t. XXXIX, p. 166) et la petite chronique publiée pour la première fois par Lenglet-Dufresnoy, t. II, p. 174.

2. Ici on lit en marge un renvoi au fol. cxii, qui s'appliquait probablement au ms. de la première rédaction. Notre ms. n'a que 110 feuillets écrits.

3. Cette sédition, connue sous le nom de la *Micmac*, éclata à Reims le 2 octobre (Marlot, *Hist. de la ville de Reims*, édit. 1847, t. IV, p. 214).

4. Inutile de dire que l'*et cetera*, qu'on trouve ici et ailleurs, est dans le texte.

rompue la Pragmatique Xanction et cetera, dont plusieurs prelas et gens d'eglise du royaulme et Daulphiné furent courcés et desplaisans, pource que leurs prerogatives furent en ce fait fort deprimées [1] et que les finances du royaulme par ce moien aloient à Rome. [Et pour ceste cause mesmes, à moys de decembre l'an dessusdit, se partist de la cité de Tours, pour aler audit Romme, l'evesque [2].]

 68 [3]. En celui temps aussy plusieurs grans seigneurs, ducs, contes, chevaliers, et aultres seigneurs, et plusieurs cappitaines et hommes de guerre furent privés et cassés des pencions et gagez que ilz avoient acoustumé de avoir et recevoir, et que ilz avoient et recevoient par chascun an ou vivent dud. feu roy Charles VIIe, dont lesdiz seigneurs et ung chascun de eulz furent tres-mal contens, pource que ilz avoient aydé audit feu roy à soustenir sa guerre contre ses anemis et à remettre le royaulme de France en paix et du tout en obbeissance et union envers ledit feu roy, enquoy ilz avoient beaucoup despenduez de leurs chevances et souffertes maintes grans [partez et] paines.

 69. Pareillement, et en celui temps, le roy priva et fit priver l'Université de Paris et aultrez gens d'eglise, et les nobles du royaulme et plusieurs officiers royaulx, les monnoiers, arbalestriers et archiers de Paris des franchises desquelles ilz avoient acoustumé de user et jouir paisiblement en tout le temps passé et mesmement du vivent dud. feu roy Charles VII[e] son pere, c'est assavoir de povoir vendre vin à detail sens paier aucun quatriesme ne aultre subside.

70. En l'an mil IIII[c] LXII en la fin d'avril, le roy se partist de Bordeaulx pour tirer au pays de Bierne [4] tant qu'il fut es Espaignes et ou royaulme de Navarre, et entre aultres valiances que il feist lors esdiz païs par ses nobles chefz de guerre et cheva-

---

1. Telle est la leçon du ms. de la Bibliothèque nationale; celui du Vatican porte *depecées*.

2. Jean Bernard, archevêque et non évêque de Tours, était peut-être aussi appelé à Rome par l'espoir d'obtenir du pape l'indépendance spirituelle de son diocèse, que le Saint-Siége venait de soumettre à la primatie de l'archevêque de Lyon (*Gallia christ.*, t. XIV, col. 129).

3. Les § 68 et 69 manquent dans la copie du P. Quesnel et ont été ajoutés par l'auteur de la première rédaction qui a également remanié le commencement du § 70.

4. Le Béarn.

liers[1], il conquesta par armes la cité et ville de Perpignien[2], et remist en paix les deux rois de Espaigne et de Navarre qui, par avant long temps, avoient esté et estoient en desacord. Et lors feist aliancez avec le roy d'Arragon, ennemi du duc de Calabre son cousin germain, dont ledit duc fut tres desplaisant.

71. En l'an mil IIII^c LXIII furent aucunes paroles et rumeurs par lesquelles on doubtoit de guerre entre le roy nostre sire et le duc de Bretaingne, mais loué soit Dieu! y ne y eust point de guerre de fait.

72. Le dymenche, dixieme jour du mois de mars, jour de *Reminiscere*, en l'an mil IIII^c LXIV, messire Anthoine de Chabanne, chevalier, conte de Dampmartin, lequel dès tantost apres le sacre du roy nostre sire, aumoins ou premier an de son sacre jusques à present, pour certains cas par lui commis, comme on disoit, avoit esté prisonnier à Paris en la bastille Saint Anthoine, la nuit dont ledit dymenche adjourna, secrettement sali hors de ladite bastille Saint Anthoine[3], et ce enfui et ce retrahi secrettement dedens Bourges en Berri.

73. Le lundi XIe jour dudit mois de mars oudit an IIII^c LXIV, vinrent nouvelles à Paris que Charles, seul frere du roy et duc de Berri, c'estoit celéement departi de avec le roy et c'estoit retrait devers le duc de Bretaingne ou content du roy son frere; mais la cause je ne scay[4], si ce n'est que peut estre il ne fut pas bien content ne satisfaict des pays et duché de Berry et de dix-huict mil livres de pension par dessus toutes les revenus dudit duché et païs de Berry, que ledit roy son frere luy bailla et ordonna par chacun an ou premier an de son regne, qui fut en l'an 1461.

74. Et ce nonobstant, ledit Charles, duc de Berry, frere germain et legitime mainsné dudit Louis son frere, roy de France, secretement feist aliance et se alia avec messieurs les ducs de Bourgogne cousin[s] desdicts deux freres, de Calabre leur oncle, de Bourbon leur frere affin, de Bretaigne leur cousin, et de Nemours, tous ducs; et pareillement se allia avec messieurs les

---

1. Les mots *par ses nobles chefs de guerre et chevaliers* manquent dans la copie du P. Quesnel.

2. Voyez dans Lenglet-Dufresnoy, t. II, p. 389, les lettres de rémission accordées aux habitants de Perpignan pour avoir résisté au roi.

3. Les mots *la nuit — Saint Anthoine* ont été omis par le P. Quesnel.

4. La fin du § 73 et les § 74 et 75 ont été ajoutés après coup par Maupoint et manquent dans le ms. du Vatican.

comtes de Carolois seul fils legitime dudit duc de Bourgongne, d'Armagnac, d'Alebret, de Sainct Pol, de Merse, de Brienne, de Roussy, de Boulogne, de Dunois frere bastard de feu monsieur le duc d'Orleans, de Harcourt, de Dampmartin et de Sansserre, tous comtes. Et semblablement se allia de plusieurs aultres bien grands seigneurs barons, bannerez, chevaliers et escuiers tant du royaulme de France comme des aultres royaulmes et pays voisins. Et luy, comme dict est, et ainsi allié, ou mois de mars 1464 commença à faire et de faict feist tres grosse et tres aspres guerre audit Loïs, son frere, roy de France, et à tous ses amis et bien-veuliés.

75. Cy après s'ensuivent les tiltres des princes et seigneurs, estant alliés audit monsieur le duc de Berry contre le roy son frere :

Mondit sieur Charles de France, duc de Berri, frere du roy; monsieur le duc de Bretaigne, cousin du roy; monsieur le comte de Dunois, frere bastard de feu monsieur le duc d'Orleans, cousin du roy; et le seigneur de Bueil. En leur compaignie douze mil combatans Bretons, Mansois et Angevins.

Le duc de Bourbon, frere affin du roy; le duc de Nemours, cousin du roy; les comtes de Sanserre et de Dampmartin, et le seigneur d'Alebreth. En leur compagnie trois mil combatans Bourbonnois aulcunement et Gascons.

Le duc de Calabre, fils du roy de Cecile, ledit duc cousin germain du roy; le comte de Vaudemons; le comte de Harrecourt et le mareschal de Bourgongne. En leur compagnie cinq mil combattans Lorrains, Barrois, Suisses et Bourguignons.

Le comte d'Armignac. En sa compaignie six mil combatans Biernois et Armignacs.

Les ducs de Cleves et de Galles, alemans.

Le comte de Carolois, seul fils legitime de Phelippe, duc de Bourgongne; les comtes de Sainct Pol, de Brienne, de Merse, de Roussi et de Boulongnie; en leur compagnie vingt cinq mil combatanz Alemans, Flamans, Brebançons, Henoiers, Picards et Bourguignons.

Summa ducum, septem; comitum, duodecim; dominorum, duo; mareschalorum, unus; armatorum pugnantium, quinqua-ginta millia et unum mille. Omnes contra regem Ludovicum decimum et contra civitatem Parisiensem.

76. Le premier jour du mois de may mil IIIIᶜ LXV fut crié

de par le roy que tous nobles tenans nobles fiefs du roy fussent armés et montés et alassent par devers lui, quelque part que il fut en son royaulme, et disoit on que le roy vouloit mettre le siege devant la cité de Bourges pour la rebellion et desobeissance que faisoient contre lui les habitans de Bourges, ce que le roy ne feist point pour l'amour que il avoit à sondit frere Charles duc de Berri, non obstant que il se fut retrait par devers ledit duc de Bretaingne, lors malcontent du roy, [et ainsi passa oultre].

77. Et le huitieme jour du mois de may ou environ oudit an mil iiii^c lx cinq, le roy à toute son armée ce departi de environ Bourges, et tira en Bourbonnois pource que les ducs de Bourbon, de Nemours, les contes d'Armignac et d'Alebret et aultres plusieurs grans seigneurs en grant puissance d'armes faisoient tres apre guerre contre le roy et ses païs, especialement en Bourbonnois, Aulvergne, Poitou et environ, et tout sens cause et sens querelle; mais seulement disoient ledit duc de Bourbon et ses aliés que le roy n'estoit pas sage assés pour avoir et gouverner le royaulme de France, lequel il convenoit estre gouverné par les nobles du sanc de France et non point par ledit roy seul ne à sa voulenté, qui est directement contre le dit du philosophe disant : *Pluralitas principum mala*. Le roy doncquez venu et armé oud. païs de Bourbonnois à toute son armée, il ce deffendi tresfort et feist tresforte guerre contre les dessusd. ducs de Bourbon, de Nemours et lesd. contes d'Armignac et d'Alebret et leurs aliés, et par plusieurs journées il leur porta et feist mains grans dommaiges, tant es villes et païs de Bourbonnois comme en l'armée desd. ducs et contes. On estimoit l'armée du roy oudit païs de Bourbonnois à deux mille lances et dix[1] huit mille conbatans que francs archiers que aultres. On estimoit l'armée desdiz ducs et contes à environ xvi mille conbatans. Et durerent lesd. armées conbatans l'ung l'autre esdiz païs environ depuis la my may dud. an mil iiii^c lxv jusques aujourd'ui[2], iiiie jour du mois de juillet ensuivent, et durent encor[3].

78. Ce temps durent, les contes de Charrolois, filx de Philippe, duc de Bourgongne, et le conte de Saint-Pol, acconpaignés de plu-

---

1. Ms. de la Bibl. nat. : *vingt*.

2. *Aujourd'hui* a été effacé dans le ms. du Vatican.

3. *Et durent encor* effacés dans le même ms.

sieurs chevaliers, grans seigneurs et de gens de guerre jusques au nombre de xxvi mille conbatans, comme on disoit, et bien garnis d'artillierie, bonbardes, canons et aultres abillemens de guerre, descendirent devant Peronne[1] en Picardie et y feirent plusieurs effors, mais ilz pourfiterent pou, pource que Joachin Rouault, mareschal de France, estoit dedens pour le roy qui deffendi fort lad. ville de Peronne[2]. Et ce departirent à tant de devant Peronne, et alerent devant Amiens et pareillement ne y feirent rien, car messire Pierre de Morvillier, chevalier, chancelier de France, estoit dedens qui fort la deffendi pour le roy, puis vinrent devant Conpiengne et ne y feirent rien, et de là vinrent à Creil et pareillement nichil pour eulx. Et vinrent dedens le Pont-Sainte-Messance sur la riviere d'Oise[3] et lequel leur fut livré, et là passerent la riviere d'Oize et entrerent en l'Isle-de-France, et tirerent droit à Laigni sur Marne, où ilz entrerent sens coup ferir, car il leur fut baillié le dimanche derrenier jour du mois de juing oudit an lxv.

79. Le mecredi, iiie jour du mois de juillet ensuivant et oudit an, ledit conte de Charrolois entra dedens la ville de Saint-Denis en France[4], et son artillerie fut logiée dedens le champ du Lendit.

80. Le dimanche ensuivent, qui fut le dimanche viie jour dudit mois de juillet, ledit conte de Charrolois par ses gens d'armes feist bailier deux coursses et deux assaulx à la ville de Paris, l'ung sur le point du jour et l'autre environ cinq heurez apres midi, mais rien ne y valut et y moureurent plusieurs de ses gens. Les bourgois et tous les habitans de la ville de Paris y eurent grant honneur, pource que ilz ce deffendirent tresbien pour l'onneur du roy et à grant honneur pour eulz, et ce entreteinrent tous en bonne union et obbeissance avec le roy et avec messire Charles de Meleum, chevalier, baron de Landes et lieutenant general du roy nostre sire

---

1. Ce passage sur la défense de Péronne par Joachim Rouault (*en Picardie — Peronne*) a été omis par le P. Quesnel.

2. Joachim Rouault ne défendit pas Péronne; il l'évacua pour ne pas y être enfermé (Voyez dans les Preuves de Commines, éd. Dupont, t. III, p. 218, une lettre du comte de Charolais au magistrat de Malines en date du 7 juin 1465).

3. Le P. Quesnel, trompé ici encore par la répétition du même mot, a sauté les mots *et lequel — riviere d'Oise*.

4. Le 3 juillet, le comte de Charolais était à Mitry et il n'en partit que le 5 pour aller à Saint-Denis, où il arriva le même jour (Voyez la petite chronique et la Chronique Scandaleuse dans Lenglet-Dufresnoy, t. II, p. 24 et 183).

es marches de France, et ledit monseigneur le mareschal de France Joachin Rouault, lesquelz deux seigneurs gardoient la ville de Paris pour le roy et sceurent bien entretenir le peuple de Paris en amour.

81. Le lundi ensuivant, qui fut le lundi viii⁰ jour dud. mois de juillet mr̄ᶜ lxv, led. conte de Charrolois et ses aliés de rechef vinrent devant Paris devers les portes de Monltmartre, de Saint Honoré, de Saint Denis et de Saint Martin pour bailllier assault à la ville de Paris, ce que ilz ne feirent pas, pource que ledit mareschal de France Joachin Rouault, acconpaigné de lx fus de lance et environ mr̄ˣˣ hommes de trait seulement, sali hors de Paris sur les gens dud. Charrolois que on disoit les Bourgougnons (*sic*) et les greverent tres fort, pour quoy ilz furent contrains de eulz en fouir et retraire, et ce retrairent dedens Saint Denis. Et nota que on disoit que led. de Charrolois estoit acconpaigné et avoit avec lui de huit à neuf mille hommes de guerre combatans et de son artillierie tres beaucoup, et est vray que ce dit jour de lundi il y ot environ cccc hommes mors des gens dudit de Charrolois. Et [1] est ici assavoir et est vray que cedit jour de lundi, viii⁰ dudit mois de juillet, les grans [2] conseilliers et officiers du roy estans dedens Paris, et les bourgois marchans et aultres manans et habitans de la ville de Paris en tresgrant nombre estimé pour l'eure à xxxii mille hommes bien armés, bien habilliés et bien en point, ce teinrent sur les murs et aus portes à la deffence et garde de la ville de Paris, et par puissance de trait, canons, bonbardes, vuglaires [3], coulevrines, arbalestres à tour et à sinolies [4] et aultre trait, ilz se deffendirent et garderent lesd. Bourguignons de approchier pres des murs et des fossés de la ville de Paris ; et fut rapporté pour vray que, dudit nombre des hommes bourguignons mors ce dit jour de lundi, il en avoit été plus occis et tué dudit trait que aultrement, pourquoy ilz feurent contrains de eulz en fouir à leur grant honte et perte et au grant honneur du roy et de la ville de Paris.

---

1. Ce passage relatif à la défense de Paris par l'artillerie se trouve dans les deux mss. après la mention de la reddition du pont de Saint-Cloud. Nous l'avons mis à sa place chronologique.

2. C'est la leçon du ms. du Vatican. Le P. Quesnel a lu : *gens*.

3. Bouche à feu de force inférieure à la bombarde et beaucoup plus longue. Elle se chargeait par la culasse (Penguilhy-l'Haridon, *Catalogue du Musée d'artillerie*, éd. 1862, p. 860).

4. Arbalètes à pied de chèvre ou à pied de biche (*Ibid.*, p. 506).

82. Le mardi et mercredi ensuivant, ilz ne feirent rien [1]. Le jeudi ensuivant les gens dudit de Charrolois baillierent assault au pont de Saint Cloud et finablement ce jour par Jaquet le Maire, marchant espicier et bourgois de Paris, cappitaine dudit pont, ledit pont leur fut rendu et livré, et retinrent prisonnier ledit cappitaine et une partie de ses gens, etc.

83. Le vendredi, XII[e] jour dud. mois de juillet [2] et oudit an IIII[c] LX cinq, lesdiz contes de Charrolois et de Saint Pol et leurdites conpaignie appelés et, comme dit est, nommés et dis les Bourguignons ce departirent desdiz lieus de Saint-Denis et de Saint-Cloud et tirerent par Sevre, Vanvez, Ici et Baigneux à Bour-la-Roigne. Et ce jour led. conte de Saint Pol, lequel menoit l'avangarde de l'armée dudit seigneur de Charrolois, en laquelle avangarde y avoit, comme on disoit, environ huit mille hommes combatans, tira au giste à Montleheri et ledit seigneur de Charrolois demoura à Longjumel et environ à toute sa bataille et avec son arrieregarde, lequelle [3] batailie (*sic*) et arreregarde chascun estimoit à XXII mille vailians hommes de guerre combatans. Et disoit on que en son artillierie, tant pour l'avangarde que pour ladite bataillie et arreregarde, y avoit environ quinze cens, que charios que charettes, dont y en avoit environ cinq cens menans artillierie. Le surplus menoit les vivres, habillemens et aultre bacage de ladite armée dudit seigneur de Charrolois. Et en cest estat et esdiz logis demourerent lesdits seigneurs de Charrolois et de Saint Pol et toute leurdite artillierie ledit vendredi XII[e] de juillet IIII[c] LXV, samedi, dimanche et lundi ensuivent.

84. Ce temps pendent, le roy nostre sire estant à Baujanci sur Loire, tant par Orleans que par la Beaulce approchoit et approcha dud. lieu de Montleheri pour venir à Paris, mais quant il sceut que led. conte de Saint Pol estoit à Montleheri, il ce demoura au giste à Estrechi led. jour de lundi qui fut le XV[e] dud. mois de juillet oud. an IIII[c] LXV.

---

1. D'après la Chronique Scandaleuse (Lenglet-Dufresnoy, t. II, p. 26), la journée du mardi 9 juillet fut marquée par une tentative infructueuse du comte de Saint-Pol pour s'emparer du pont de Saint-Cloud qui aurait été rendu le lendemain.

2. Du Clercq, la Chronique Scandaleuse et la petite chronique sont d'accord pour dire que la marche des Bourguignons de Saint-Cloud à Montlehery s'effectua le 15 juillet.

3. Les mots : *lequelle batailie et arreregarde* manquent dans la copie de Quesnel.

85. Le mardi xvi° jour de juillet ensuivent, dès le point du jour ou devant, le roy et toute son armée ce departirent dud. lieu d'Estrechi et de environ et vint à Chastes soubz Montleheri, ou quel lieu le roy se informa du fait et arroy dudit conte de Saint Pol et de son armée, à ce jour et heure estant aud. Montleheri. Et le roy, sur ce bien informé, à toute son armée ce departi de Chastez soubz Montleheri et vint audit lieu de Montleheri ainsy comme de neuf à dix heures du matin. Et dès celle heure assali led. conte de Saint Pol et son armée et les combati le roy tres vailliement et tellement que led. conte de Saint Pol fut contraint de soy retraire, et de fait lui et une partie de sa compagnie ce retraihirent ou bas de lad. ville de Montleheri entre le Boulouer et la Croix à la Beurée[1] et l'eglise Nostre-Dame de Longpont. Ou quel bas et lieu ledit conte de Charrolois estoit et toute son armée avec son artillierie, ce jour ne avoit guieres estoit arrivé en armes et en ordre de bataile; laquelle retraicte faicte par led. conte de Saint-Pol et une partie de sa compaignie, ce non obstant le roy le suivi et entra en ladit armée dudit conte de Charrolois, et lors furent faictes grans vailiances de armes et grans fais de bataillie et maintes grandes occisions esquelles mains vailliens hommes et de grant non furent occis et mors. Et du surplus desdites deux armées y en ot grant quantité de navrés et mehaingniés, et de la partie dud. de Charrolois plusieurs, que hommes d'armes que coustilliers, que varlés que pages, ce meirent en la fuite et ce en fuirent par le païs à tout les chevaulx et bouges et bacages de leurs maistres, lesquelz furent depuis tous repris et mors ou prisonniers. Et nota que ce jour en furent admenés à Paris environ xviii cens hommes prisonniers et environ deux mille chevaulx et plus. Et disoit on que sur la place il y estoient mors environ cinq cens chevaulz de pris; et, quant au nombre des hommes ce dit jour de mardi en lad. place occis et mors tant d'une partie que d'aultre, je ne en ay peu savoir le vray nombre, pource que les ungs disoient plus et les aultres disoient moins. Toutesfois, le plus de ceulx qui en parloient, tant hommez de guerre qui avoient esté en lad. batailie comme des hommes et femmes du païs qui veirent les mors en ladite place, convenoient assés ad ce que, de ceulx de l'armée du roy, il en

---

1. On peut lire également *Bevrée*.

estoit mors ce jour [1] environ vi cens hommes, et de ceulz de la partie
de Charrolois il estoit mors environ deux [2] mille trois cens des
plus vaillans de son armée. Le roy, ce jour, feist grans proesces
tant en ralliant ses cappitaines et gens d'armes par trois reprises
comme en conbatant de sa personne, en quoy il eust tresgrand
honneur, et cessa ladite bataille ainsy comme environ vii heures
après midi ; et adont se retrahi le roy à Corbeil, où il fut ce soir
de mardi et le mecredi ensuivent, et ledit de Charrolois se en ala à
Estampes à tout si pou de gens qui ce peurent rassembler.

86. Le jeudi ensuivant qui fut le xviii° jour dudit mois de juillet,
ainsy comme environ cinq heures apres midi, le roy vint et arriva à
Paris avec une partie de son armée, et l'autre partie demoura es
villages environ Paris pour soy rafreschir. Les gens d'esglise et
les bourgois de Paris receurent le roy à grant joie, lequel se tint
et demoura à Paris ce soir de jeudi, le vendredi, samedi, dimanche,
lundi, mardi, mecredi, jeudi, vendredi et samedi ensuivent, et le
dimenche xxviii° jour dud. mois de juillet, le lundi, mardi,
mecredi, et le jeudi ensuivent premier jour du mois d'aoust mir°
lx cinq.

87. Et nota que led. jour de mardi xxx° dudit mois de juillet le
roy restitua aus gens d'esglise, à l'Université de Paris, aus
nobles, aus officiers roiaulz, aus monnoiers, arbalestriers et
archiers de Paris la franchise de pover vendre vin à détail et
à tous pris sans paier quatriesme, laquelle franchise le roy leur
avoit tollue et ostée ou premier mois du premier an de son regne,
dont les dessusdiz, chascun en son estat, avoient esté tres desplaisans et courcés, pource que dès le temps que les aides orent [3] esté
mis sus pour les guerres, ilz et chascun de eulz avoient joui desd.
franchises paisiblement. Item, cedit jour de mardi de par le roy
fut crié et publié franchize et liberté des imposicions des menues
denrées pour ceulx de la ville de Paris et des faulxbours.

88. Le mecredi, derrenier [4] jour dud. juillet, ledit seigneur de
Charrolois et conte de Saint Pol et toute leur armée et artillierie
ce departirent dud. lieu d'Estanpes et tira vers Saint-Mathurin-de-
Larchent.

---

1. *Ce jour* manque dans la copie de Quesnel.
2. *Deux* manque dans cette copie, mais se trouvait probablement dans
l'original.
3. *Avoient.* Copie du P. Quesnel.
4. *31 de juillet.* Même copie.

89. Et est ici assavoir que le dimenche xxie dud. mois de juillet, Charlez, duc de Berri, frere du roi, accompaigné du duc de Bretaigne et douze mille Bretons conbatans, arriva audit lieu d'Estampes[1] devers lesdiz contez de Charrolois et de Saint-Pol et eulx tous emsemble, comme dit est, ledit jour du mecredi jour derrenier dudit mois de juillet, ce departirent dudit lieu d'Estampes et tirerent audit lieu de Saint-Mathurin pour joindre avec le duc de Calabre, le prince d'Orenge et le mareschal de Bourgongne, tous contraires au roy, lesquelz venoient audit lieu par la Champaigne accompaigniés, comme on disoit, de environ cinq mille combatans.

90. Lesd. ducs de Berri, duc de Bretaingnie, conte de Charrolois et de Saint Pol, et toutes leurs armées et artillieries, le jeudi premier jour du mois d'aoust oud. an iiii^c LXV, demourerent et ce teinrent à Milli en Gastinois environ le pont de Samois sur Saine, le quel pont lesdiz Bretons et Bourguignons cuidoient[2] gangner pour passer Saine, affin de aler devers ledit duc de Calabre qui estoit en la Champaigne, mais ilz trouverent ledit pont ronpu, pour quoy ilz ne peurent passer. Aussi ilz trouverent grosse et forte resistance de par le roy, pourquoy il lez convint fuir et retraire et de fait ce retrairent à Nemours, à Moret et à Saint-Mathurin-de-Larchent.

91. Le samedi ensuivent[3], iiie jour dud. mois d'aoust aud. an mil iiii^c LX cinq, le roy estant à Paris[4], fut crié et publié parmi Paris, à son de tronpe que le roy affranchissoit, et de fait affranchit, les bourgois, manens et habitans de la ville et faulx bours de Paris, et les exemptoit de toutes tailies, aides et subsides, reservées six fermes ; c'est assavoir que le quatriesme du vin vendu à détail, lequel pieça et par long temps ci devant avoit eu[5] cours parmi Paris et les faulxbours et parmi tout le royaulme, le roy le remit à le viiime et lequel viiime aroit cours à Paris et es faulx bours ou lieu dudit quatriesme, et seroit mis à pris et bailié à ferme pour le

---

1. Les mots *devers lesdiz contez — dudit lieu d'Estampes* ont été passés par Quesnel. Cette multiplicité de bourdons prouve que sa copie a été faite assez légèrement et n'a pas été collationnée.

2. *Cuiderent.* Copie du P. Quesnel.

3. *Ensuivent* manque dans la copie.

4. *Le Roy estant à Paris* ne se trouve pas dans la copie.

5. Quesnel a mal lu : *du.*

roy. Item, la ferme des draps vendus en gros [1]. Item, la ferme du vin vendu en gros. Item, la ferme du bestail à pié fourché. Item, la ferme du poisson de mer. Item, la ferme de la buche. De laquelle franchise toutes les gens d'eglise, tous les nobles et tous les bourgois, manens et habitans de la ville de Paris et desdiz faulxbours furent tres joieux. Et, item, nota que touchant le fait des aides, lors et par avant ledit jour dudit cri, il y avoit à Paris LXVI fermes au moien desquelles les bourgois et le peuple de Paris et desdiz faulxbours avoient esté tres fort traveillés, et desquelles LXVI fermes il ne demoura et ne demeure que les VI fermes dessusdites, tout le surplus desdites fermes fut lors quitté et remis par le roy comme dit est.

92. Le dymenche ensuivant, qui fut le IIIIe jour dud. mois d'aoust, lesdiz ducs de Berri et de Bretaingne, lesdiz contes de Charrolois et de Saint Pol et leur armée passerent ladite riviere de Saine entre Monlthereau-faut-Yonne [2] et ledit pont de Samois, et ainssy entrerent dudit Gastinois en Brie [3] et là ce tinrent.

93. Lors veinrent nouvelles que ledit duc de Calabre, lesdiz princes d'Orenge et le mareschal de Bourgongne avoient gangné Aucerre et estoient dedens, mais ce fut trouvé faulx. Lesdiz duc de Berri et ceulz ci dessus escrips de sa partie ce teinrent en ung lieu ensemble environ led. pont de Samois, Saint-Memer [4] et entre Melun et ledit Monlthereau, sans marcher ne plus avant ne plus arrere jusques au [5] jour de samedi, xme jour dud. mois d'aoust. Cedit jour de samedi le roy ce departit de Paris pour aler à Rouhan, comme on disoit.

94. Le lundi ensuivent, qui fut le XIIe jour dud. mois d'aoust oudit an mil IIII^c LXV, nouvelles veinrent à Paris et furent trouvées vraies que ledit duc de Berri et lesdiz Bretons et Bourguignons ledit samedi et dimenche precedent estoient entrés es villes de Nogent-sur-Saine, de Bray et de Provins.

95. Le jeudi ensuivent, jour de la feste de l'Assumpcion Nos-

---

1. Ces mots se trouvent dans Quesnel à la fin de l'énumération.

2. *Faut-Yonne* manque dans Quesnel.

3. Ce nom nous est fourni par la copie du P. Quesnel. L'auteur de la première rédaction conservée dans le ms. du Vatican a écrit sans comprendre : *Loire*.

4. Saint-Mammès, Seine-et-Marne, arr. Fontainebleau, cant. Moret.

5. Les mots *jusques au* ont été écrits en interligne à la place des mots barrés *et y sont encor de present. Fait*...

tre-Dame, xve duditmois d'aoust, le sire de Halebourdin, bourguignon, chef et cappitaine de guerre, avec lesdiz Bourguignons reentra et se rebouta dedens la devant dite ville de Lagni.

96. Le lundi ensuivent, xixe jour dud. mois d'aoust, le sire de Halebourdin, bourguignon, gangnia la tour et le pont de Charenton, le roy lors estant à Rouhen, comme on disoit.

97. Le mardi, mecredi et jeudi ensuivent, lesdiz Bourguignons feirent plusieurs coursses devant Paris par plusieurs fois et en grosses conpaignies; et ne y gangnerent rien, mais perdirent plusieurs de leurs hommes de guerre. Lors estoient dedens Paris pour le roy monseigneur messire Charles de Meleun, chevalier, baron de Lande, grant maistre d'ostel du roy nostre sire et bailly d'Evreux, monseigneur le bastart du Mainne, monseigneur le conte de Eu, general lieutenant du roy nostre sire, et aultres plusieurs grans seigneurs, lesquelz avoient en leur compaignie pour la garde de Paris cinq cens fus[1] de lance, et de Caen et d'Alençon deux mille trois cens francs archiers tous bien en point et hommes bien affaités[2] à l'onneur du roy, à la deffense de Paris et au bien de la chose publique et lesquelz faisoient de grans vailiances sur lesdiz Bourguignons.

98. Ledit jour de jeudi, qui fut le xxiie jour dud. mois d'aoust, ainsy comme environ viii heures devant midi, vinrent à la porte Saint Anthoine six herauls vestus des cotes d'armes de messeigneurs les ducs de Berri frere germain du roy, de Bourbon frere affin desdiz deux freres, de Bretaingne leur cousin, de Calabre leur cousin germain, du conte de Dunois leur cousin de bas, etc., et du conte de Charrolois filz au duc de Bourgongne [lequel avoit la seur dud. duc de Bourbon], tous lesquelz ducs et contes pour ce jour estoient logés en la tour de Beaulté pres du bois de Vinciennes et en l'environ, et lesquelz avec plusieurs aultres grans seigneurs, tant du royaulme que de aultres estranges nacions, estoient tous d'une part faisant guerre contre le roy. Et est ici assavoir que, à la cause dudit conte de Charrolois, ceste guerre contre le roy est dicte la guerre des Bourguignons contre les Francois. Et lesquelz heraulz, cedit jour de jeudi matin, par les deputés de mondit

---

1. Ms. du Vatican: *feus*.

2. Copie de Quesnel : *affectés*. On sait qu'*affaités* est une forme archaïque du mot moderne *affectés* qui commença à être usité au xve siècle.

seigneur de Eu et de la ville de Paris furent receu[t] et festoiés, et eulz receuz bailierent plusieurs lettres closes, les unes adressans à mondit seigneur de Eu, les aultres à monseigneur de Paris, à messeigneurs de la court de Parlement, à l'Université, au doien et chappitre de Paris, au prevost des marchans et aus bourgois de Paris, et lesquellez lettres en effect contenoient que il pleust à ung chascun de eulz, chascun en son estat, envoier audit lieu de Beaulté de chascun estat trois hommes affin de ouir leurs[1] complaintes et les causes pour lesquelles ilz faisoient guerre au roy, et affin de veoir se il estoit[2] possible de trouver aucune ouverture pour pervenir à paix, laquelle lesdiz ducs et contes et leurs aliés demandoient. Et aux quelz heraulz promptement et de ce mesmes matin furent bailiées lettres de responce, par lesquelles lesdiz seigneurs desdiz estas respondoient que sur les lettres par eulz aportées et bailliées ilz aroient advis et deliberacion après le midi de ce jour et le lendemain en respondroient plus à plain, et à tant ce departirent lesd. heraulz.

99. Cedit jour de jeudi après midi, environ de VIII cens à IX^c desdiz Bourguignons, ausmoins de ceulz tenans leur parti, feirent une course devant Paris, especialement entre la tour de Billi et devant la porte Saint Anthoine, et en la quelle course il y ot plusieurs esquarmoches faictes et de la part desdiz Bourguignons et de la part desdiz François, et pendent le temps de ladite course par les manans et habitans de la ville de Paris les murs de la ville furent fors fournis et emparés[3] de gens et bien gardés. En laquelle course il ne y ot, comme on disoit, que six hommes mors, dont les cinq estoient du parti des Bourguignons, l'autre fut ung franc archer de Caen, francois, tenent le parti du roy[4], laquelle course et lesquelles esquarmouches cesserent environ VI heurez apres midi, et à celle heure ce retrairent les gens d'armes chascun en leur parti, les Bourguignons devers le pont de Charenton et les François dedens Paris, le roy estant à Dreux, comme on disoit.

100. Le vendredi ensuivent, qui fut le XXIIIe jour dud. mois d'aoust oud. an mil IIII^c LX cinq, reverend pere en Dieu monsei-

---

1. Copie de Quesnel : *les.*
2. Ibid. : *sera.*
3. Ibid. : *esparéʒ.*
4. Ibid. : *hoc est dictum du parti du roy.*

gneur messire Guillaume Chartier, evesque de Paris, docteur
en decret et en lois, environ vi heures devant midi celebra en
l'eglise Sainte-Katherine du Val-des-Escoliers[1] une messe du
saint Esperit à note et en pontificaulx, en grant devocion et reverence, et à laquelle messe plusieurs notables hommes et grans
seigneurs ce comparurent, especialement ceulz deputés de
chascun desdiz estas pour aler à Beaulté pres du bois de Vinciennes par devers lesdiz duc de Berri et duc de Bretaingne et aultres ducs et contes leurs aliés dessusdiz, pour leur rendre response
par bouche au contenu des lettres par eulz envoiés et par leurs hé-
raulz ledit jour de jeudi matin, bailiées ausdiz seigneurs et ausdiz
estas et à ung chascun de eulx, comme dit est, et desquelz deputés
les nons, surnons et tiltres ce ensuivent : Primo mondit seigneur
de Paris pour lui. Pour chappitre de Paris, maistre Thomas de
Coursselles, docteur en theologie, doien de Paris; maistre Jehan
de l'Olive, docteur en theologie, chancellier de l'eglise de Paris et
chanoine; et maistre Eustace Luilier, licencié en decret, advocat
en Parlement et chanoine Sainct-Germain-l'Auxerrois[2]. Pour la
court de Parlement, maistre Jehan le Boulenger, second president en Parlement, maistre Jehan le Celier, chanoine de Paris
et archediacre de Brie, etc., et maistre Jacques Fournier, etc.
conseilliers du roy nostre sire en sadite court de Parlement.
Pour la ville de Paris, maistre Jehan Choard, licencié en decret
et en lois, lieutenant civil de la prevosté de Paris, maistre
Francois Halle, licencié en decret et en lois et advocat en Parlement, et sire Arnault Luilier, marchant changeur et bourgois
de Paris. Pour l'Université de Paris, maistre Jehan Luilier,
docteur en théologie et chanoine de Paris, maistre Jehan de
Montigni, docteur en decret, chanoine de Sens et conseillier du
roy en sa court de Parlement, maistre Jacques Juing[3] lisant du
matin[4] en decret, et maistre Engarrent Parentis, maistre es ars,
docteur en medicine et chanoine de Paris.

101. Et lesqdelz deputés et ambaxadeurs, apres ladite messe
celebrée, ce departirent dudit hostel et couvent de Saincte-Ka-

---

1. Il y avait d'abord : *en l'eglise de ceans...*
2. Les mots *Sainct-Germain-l'Auxerrois* ne se trouvent que dans la copie
de Quesnel.
3. Ming (Chron. Scand.).
4. *Du matin* manque dans la copie de Quesnel.

therine [1] pour aler et de fait alerent audit lieu de Beaulté, ou quel lieu ilz trouverent monseigneur le duc de Berri, le duc de Bretaingne, et aultres ducs et contes cy devant nomméz, lesquelz par la bouche et organe du conte de Dunois, frere bastard de feu monseigneur le duc d'Orleans [à Amboise] naguieres trespassé, ilz feirent proposer et dire les causes pour lesquelles ilz estoient venus devant la cité de Paris et ou pais de France contre [2] le roy. Et en effet ledit conte de Dunois etc. deist, proposa et recita le contenu en neuf articles ci precedens [3], et oultre dit que le roy avoit fait aliances au duc de Millan, lombart et aultres estrangers pour destruire toutes les nobles maisons de France, en especial les maisons d'Orleans, de Bretaingne, de Bourgongne et de Bourbon. Item, deit que le roy faisoit faire plusieurs mariages de personnes de non pareil estat ou grant deshonneur et desplaisir desdites personnes, ausmoins de leurs parens. Item, disoit que ja pieça ilz avoient requis au roy que il vousist tenir et assembler les trois estas du royaulme affin de donner provision aux cas dessusdiz, et à ung chascun de eulz, dont le roy avoit esté reffusant. Item, demandoient la recepte, maniement et gouvernement de toutes les finances du royaulme. Item, demandoient la congnoissance et distribucion de toutes les offices du royaulme. Item, demandoient à avoir devers eulx et en leur puissance et ordonnance toute l'armée du royaulme. Item, demandoient à avoir la parsonne du roy et le gouvernement d'icelle. Item, demandoient que on leur bailiast et delivrast la ville de Paris à leur voulenté, affin de avoir reparacion des choses ci devant dictes et par eulz aleguées, et aussy affin de avoir l'effect desd. choses par eulz demandées et justice des choses que ilz disoient avoir esté malfaictez par le roy, et que reparacion et reformacion fussent faictes des cas dessusdiz, et leur fussent adjugées par les trois estas du royaulme toutes leurs demandes; et en oultre protestoient contre lesdiz ambaxadeurs [4] et la ville de Paris que, ou cas où on ne leur feroit ouverture de la ville de Paris aus fins dessusdites, de en faire complainte et action contre la ville de Paris et recouvrer sur elle les partes, dommages et interest que ilz

---

1. Il y avait d'abord : *se departirent de l'ostel de ceans.*
2. Copie du P. Quesnel : *devers.*
3. L'auteur oublie qu'il n'a pas énuméré ces articles.
4. Copie de Quesnel : *deputéʒ.*

pourroient avoir à la cause du reffus de non leur avoir faicte ouverture de lad. ville de Paris. Et dirent oultre en menassent [1] que, le lundi ensuivant, ilz de toute leur puissance baulroient et feroient bailier assault à lad. ville de Paris se, dedens le dimenche ensuivant ce present jour de vendredi, on ne leur faisoit ouverture d'icelle, ou ausmoings se on ne leur accordoit de ce faire en bien bref temps.

102. Et pource que la complainte et les demandes proposées [2] par ledit conte de Dunois pour lesdiz seigneurs [3], ducs, contes et aultres seigneurs de leur parti semblerent haultez et de grant difficulté ausdiz ambassadeurs [4], ilz labourerent de modiffier et restraindre lesdites complaintes [5] et demandes à leur pover, mais ilz ne porent, obstant le grant couraige que avoient lesdiz ducs et contes [6] de obtenir à leur entencion. Neantmoings lesdiz ambaxadeurs obtinrent treuves dudit jour de vendredi jusquez au dimenche ensuivant pour tout le jour, et ce temps pendent ilz assembleroient les gens d'eglise, la court de Parlement et les bourgois de Paris affin de avoir colacion emsemble et de deliberer que il seroit de faire sur toutes lesdites matieres et chascune d'icelles. Et à tent ce departirent lesdiz ambaxadeurs dudit lieu de Beaulté et se en revinrent à Paris, le roy ce jour estant à Mente, en sa compaignie xxx mille combatans normans et aultres.

103. Ce jour vinrent nouvelles à Paris que douze cens lances et deux mille infans Lombers venoient à l'aide du roy et estoient en Bourbonnois où ilz faisoient tres aspre guerre pour le roy, le duc de Bourbon estant avec les aultres à Beaulté.

104. Le samedi ensuivant qui fut le jour de la feste monseigneur saint Barthelemy, apostre, xxiiiie jour dudit mois d'aoust et oudit an, mondit seigneur de Paris et les aultres seigneurs ci dessus nommés ambaxadeurs, avec eulx une quantité de notables hommes desdiz estas de l'eglise, de la court de Parlement, de l'Université et de la bourgoisie de Paris furent assemblés et

---

1. *En menassent* manque dans la copie moderne.

2. Même copie : *Et pour ce que les choses proposées...*

3. *Lesd. seigneurs du sang semblerent.* Copie de Quesnel.

4. Dans la copie de la Bibl. nat. on trouve toujours *deputéz* au lieu d'*ambassadeurs.*

5. *Complaintes* manque dans la copie de Quesnel.

6. *Lesd. seigneurs du sang.* Copie de Quesnel.

se assemblerent environ huit heures devant midi en l'ostel de la ville de Paris, affin de faire leur raport et relacion de tout ce que ilz avoient ouï dudit conte de Dunois pour mondit seigneur le duc de Berri et les aultres ducs et contes et leurs aliés. Et en effect lesdiz ambaxadeurs, par la bouche de maistre Jehan Chouard, raporterent que ledit conte de Dunois, proposant pour tous les aultres seigneurs de son parti et en complaingnent, recita les griefs cy dessus escrips et feist les demandes ci devant dites, et pour fortifier ses complaintes et demandes disoit que lui et plusieurs aultres seigneurs là presens estoient ceulz par le moien et aide desquelz le feu roy, pere du roy, avoit conquis et recouvert son royaulme sur les Anglois, et que en ceste faveur on leur devoit adjuger leurs demandes. Especialement on leur devoibt faire ouverture de la ville de Paris, ou .ausmoings le roy les devoibt soubdoier et pansionner comme le feu roy les soubdoioit et pansionnoit et les entretenoit en leurs pansions, et si les gardoit et maintencit en toutes leurs preeminances, prerogatives, honneurs, libertés et franchises, et les apeloit en ses conseulz, en especial quant il lui survenoit aulcune matiere difficile et usoit de leur conseil, ce que le roy ne faisoit pas, comme disoit ledit conte de Dunois pour mondit seigneur duc de Berri et pour ses aliés, et pour ce requeroient à toute instance que les trois estas du royaulme fussent convoqués et assemblés ou à Paris ou à Orleans ou à Tours, et oultre requeroient que passaige pour eulz et pour toute leur armée leur fut bailié parmi la ville de Paris. Et laquelle relacion ainsy faicte par ledit maistre Jehan Chouard et confessée vraye par les aultres ci dessus nommés ambaxadeurs, maistres Henri de Livres, licencié en droit et en lois, natif de Paris, maistre des requestes du Palaix et prevost des marchans à Paris, lequel presidoit en ladite assemblée, deist que de ce qui estoit relaté il souffisoit assés pour celle matinée et que il feroit diligence de assembler des gens desd. clergé, de Parlement, de l'Université et des bourgois de Paris cedit jour après disner, sans faire aultre conclusion dire ne prenre, dont plusieurs furent malcontens, pource que les aulcuns des assistens lors en ladite assemblée vouloient que ledit prevost des marchans conclud que on feist ouverture de la ville de Paris ausdiz Bretons et Bourguignons.

105. Cedit jour de samedi après disner, par le commandement et par la diligence que feist ledit prevost des marchans, les des-

susdiz ambaxadeurs et gens desdiz estas du clergé, de Parlement, de l'Université et des bourgois en tresgrant nombre, derechef[1] furent assemblés oudit ostel de la ville en Greve, en laquelle assemblée ledit prevost des marchans recita ce qui avoit esté dit le matin et relaté par lesd. ambassadeurs, sans reciter la conclusion que les aulcuns des assemblés le matin vouloient estre faicte, la quelle chose lui fut reputée à grant prudence, car la conclusion que on vouloit que il feist le matin n'estoit point à reciter par lui. Lors opinerent mondit seigneur monseigneur de Paris et messeigneurs de l'eglise, et consequamment tous et chascun des aultres seigneurs desdiz estas, chascun selonc leur estat et degré[2]. De reciter et coucher ici les opinions et deliberacions du tout en tout[3] d'ung chascun opinant porroit estre trop ennuieux, car en opinant pour la plus saine partie des opinans lesdites matieres, especialement de faire ouverture de la ville de Paris, demourerent en perplexité sens y donner conclusion certaine[4], non obstant que les aulcuns de ceulz qui lors et oudit lieu estoient presens et opinans deliberoient et concluoient que soubz certaines restrictions, comme de non pillier la ville, de non efforcer les ostelz des bourgois, de non bouter ne mettre leur armée dedens Paris, on devoibt mettre les Bretons à Paris et les Bourguignons, especialement mondit seigneur de Berri à iiiie hommes pour son estat, monseigneur de Bourbon pareillement, monseigneur de Bretaingne pareillement et le seigneur de Charrolois pareillement, chascun de eulx iiiie hommes qui font en somme xvie hommes et lesd. quatre seigneurs. Et vouloient lesdiz ainsy opinans et crioient en toute instance que ledit prevost des marchans conclust à ceste fin, ce que il ne conclut pas, car il conceupt en soy mesmes et entendi que mondit seigneur de Paris et aultres seigneurs de la plus saine partie, lesquelz avoient delessées leurs opinions en proplexité[5] sens y avoir donnée conclusion certainne, ne avoient point voulu conclurre en leurs opinions sens le sceu de mondit seigneur le conte d'Eu, lieutenant

---

1. *Derechef* ne se trouve que dans le ms. de Rome.

2. « Nota de mettre cy les oppinions qui sont en l'autre livre en tel signe. » Nous ignorons à quel ms. s'applique ce renvoi du réviseur.

3. *Du tout en tout* manque dans le ms. de la Bibl. nationale.

4. Cette phrase veut dire que la plus *saine* partie de l'assemblée exprima son avis sans conclure. La même idée se retrouve à la page suivante.

5. « Nota. Ici mettre les oppinions des assemblées en l'ostel de la ville. » Cette note du réviseur a été barrée.

general du roy et des aultres noblez seigneurs, comme de monseigneur le bastard du Maine, de monseigneur Charles de Meleun, baillif d'Évreux, et aultres seigneurs lors estans dedens Paris pour le roy, acconpaignéz de xii^c fus de lance et de environ iii^m frans archiers. Et pource ledit prevost des marchans ne feist point de conclusion, ne pour une partie desdiz opinans ne pour l'autre, mais remeist toutes lesdites matieres au bon advis et à la voulenté de mondit seigneur d'Eu et desdiz aultres nobles lors estans dedens Paris pour le roy, et à tant ce leva et ce departi dudit hostel de la ville et pareillement toute l'assemblée. Ledit prevost des marchans, ce jour et à celle heure qui estoit environ cinq heures apres midi, ce retraihi devers mondit seigneur d'Eu et en son ostel, les aultres chascun en leurs maisons, le roy lors estant à Mante, comme on disoit.

106. Lors fut faicte une rumeur et bien grant clameur parmi Paris que lesdiz ambaxadeurs, ausmoings les aulcuns de eulz et aulcuns aultres bourgois avoient esté d'opinion de mettre les dessusdiz seigneurs dedens Paris, et sur ceste rumeur le commun peuple de Paris concluoit que on vouloit mettre lesdiz Bretons et Bourguignons dedens Paris ou grant donmaige du roy et de la ville, pourquoy le peuple de Paris fut comme tout esmeu de tuer lesdiz ambassadeurs et aultres bourgois, mais Dieu de sa grace y pourveust, car il ne ce feist rien ne de l'une chose ne de l'autre. Neantmoings, toute celle nuit de cedit jour et le dimenche ensuivant toute matinée, le peuple de Paris demoura tout esmeu contre lesdiz ambaxadeurs pour ce que de ce dimenche ilz vouloient retourner audit lieu de Beaulté par devers lesdiz seigneurs, et doubtoit on que ilz ne rendeissent responce aggreable et promeissent faire et baillier entrée dedens Paris à mondit seigneur de Berri et aultres seigneurs ses aliés, dont y ce fust peu estre ensuivi grans meutres, car monseigneur d'Eu et les aultres nobles, les gens d'armes et tout le commun peuple de Paris estoient au contraire pour le roy. Pour quoy toute celle nuit et ledit jour de dimenche, il ce feist et fut faicte sur les murs et parmi la ville de Paris grant gueit et grant garde en grant armée et puissance de gens d'armes, et toutes les gens d'eglise, chascun en son estat et en son eglise, faisoient à Dieu grans prieres et devotes oroisons pour la paix et vraye concorde du roy et desdiz princes et pour la conservacion de la cité de Paris et des habitans d'icelle.

107. Ledit dimenche, qui fut le dimenche xxve jour dud. mois d'aoust, ainsy comme environ une heure apres midi, par le congié de mond. seigneur de Eu, general lieutenant du roy à Paris et par tout le royaulme [1] et par le congé et au sceu de tous les aultres seigneurs nobles lors estans dedens Paris pour le roy, mondit seigneur de Paris et tous les aultres ci dessus nommés ambassadeurs en grans pleurs et en grant fraieur partirent de Paris pour aler et de fait alerent audit lieu de Beaulté pardevers mond. seigneur de Berri et les aultres seigneurs et princes ses aliés pour leur faire et de fait leur feirent responce selonc ce que mondit seigneur le conte de Eu et les aultres nobles pour le roy le leur avoient ordonné, et laquelle responce en effect et en substance fut telle et ainsy rendue par la bouche de monseigneur de Paris : « Sur les matieres par monseigneur de Dunois vendredi proposées en vos presences et par nous ouies et raportées en la ville de Paris, il ne plaist point au gens du roy estans à Paris de vous rendre aulcune responce sens premierement avoir parlé au roy et sens savoir sur le tout son bon gré et plaisir. » Et à tant ce teust mond. seigneur de Paris, et lui et les aultres ambaxadeurs à tant ce departirent dudit lieu de Beaulté et retournerent à Paris, et disoient que ledit conte de Dunois pour lesdiz aultres princes et seigneurs leur avoient respondu que le lundi ensuivant ilz bauldroient assault contre la ville de Paris le plus fort et le plus criminel dont ilz ce pourroient adviser, et que il cousteroit les vies de cent mille hommes et de chascun prince la chevance jusques à la chemise avant que ilz ne obtinsent à leur intencion. La quelle responce faicte par led. conte de Dunois et relatée par lesdiz ambassadeurs et venue à la congnoissance des gens d'armes et du commun peuple de Paris, chascun dedens Paris feist diligence de faire grans gueis et grands gardes tant sur les murs que parmi la ville de Paris. Et à tant ce passa led. jour de dimenche et la nuit.

107. Le lundi ensuivant xxvie d'aoust [2] qui estoit le jour ouquel lesdiz Bretons et Bourguignons devoient, comme dit est, baillier contre la ville de Paris et faire si grant assault comme ilz avoient menassé, ilz ne en feirent rien et ne bailierent point d'assault, mais ce sarrerent et ce assemblerent en leur ost, et en leurs tentez

---

1. *Et par tout le royaulme* manque dans le ms. de la Bibl. nat.
2. *XXVIe d'aoust* manque dans le même ms.

et pavillions, au dessus du Val-de-Fescamp[1] et devers la Granche-aus-Merciers[2] et environ la closture du bois, et là ce tenoient ensemble.

109. Cedit jour environ trois heures après midi, une partie des gentilz hommes hommes d'armes de la compaignie monseigneur le bastard du Mainne et de la compaignie monseigneur Charles de Meleun, balif d'Evreux, jusquez au nombre de cent lances et environ iiiic francs archiers et coulevriniers alerent esquarmoucher lesdiz Bretons et Bourguignons en leur ost et furent jusques esdites tantes et pavilions, mais pou y pourfiterent si non de environ lx chevaulx que ilz preirent oudit ost et deux hommez d'armes et quatre coustilliers Bourguignons qui furent mors du trait des coulevriniers. Et à tant ce passa ladite jornée de lundi, le roy lors estant à Meulent ou environ, comme on disoit.

110. Le mardi ensuivant, une compaignie de hommez d'armes et de francs archiers furent esquarmoucher lesdiz Bourguignons en leurdit ost, et ne y eust comme rien fait si non courses et esquarmouches et ung franc archer françois qui fut tué et mors d'ung homme d'armes françois par cas de fortune, pource que led. archier ne avoit point de croix blanche droitte.

111. Le mercredi ensuivant devant midi, aulcuns hommes d'armes et francs archiers françois alerent esquarmoucher lesdiz Bretons et Bourguignons, et feirent grans effors les ungs sur les aultres et se en retourna chascun en son parti sain et sauf.

112. Cedit jour de mecredi ainssy comme environ cinq heures apres midi, le roy entra à Paris dont tous furent joieulx. En sa compaignie estoit monseigneur le conte du Mainne son oncle, frere germain de feue noble et sainte dame Marie d'Anjou, mere du roy. En leur compaignie estoient environ douze mille bons combatans, que francs archers que aultres, du païs de Normandie et du Mainne. En sa compaignie arriverent à Paris environ lx que chars que charios tous chargés de artillerie, especialement de pouldres et de coulevrines, et en sa conpaignie environ sept cans muis de farines qui depuis furent delivrés aus boulengiers de Paris pour faire pain, non pourtant que, loé soit Dieu! on avoit à Paris grant marché de pain et de vin et de tous vivres. Buche

---

1. Le souvenir de cette localité se conserve dans le nom de la rue de la Vallée de Fécamp, à Bercy.

2. C'était un domaine rural également situé à Bercy.

estoit ung pou chere et valoit le moule pris ou champtier iii s.
iiii den. par.

113. Le jeudi ensuivant, tant par les gens du roy comme par
les gens de mondit seigneur monseigneur le conte du Mainne,
furent faictes plusieurs grans courses et esquarmouches sur lesdiz
Bretons et Bourguignons, et tellement que lesd. Bretons et Bourguignons furent contrains de eulz tous sarrer en ung parc entre
les murs du bois de Vinciennes et la ville de Charenton, et là ce
teinrent clos et sarrés, pour quoy on ne pot guieres gangner sur
eulz ce jour, si non environ xxx chevaulz de harnois et dix ou
douze varlès.

114. Le vendredi ensuivant le roy ouit sa messe à Sainte-Ka-
therine-du-Val. Après sa messe ouie, monseigneur le cardinal
d'Albi [1], abbé de Saint-Denis en France, fut present lors [2] que le
roy lui feist les sollempnitéz qui appartienent estre faictes pour
prenre l'oriflanble, et donna mondit seigneur le cardinal au roy les
instructions que il convient que le roy garde et face avant que il
se puisse aider dudit oriflanbe. Et ce fait le roy feist les sermens
en tel cas acoustumés estre fais par les roys de France, et adont le
roy receut des mains dudit monseigneur le cardinal l'oriflanbe
en grant devocion et reverance, puis, en tenant led. oriflambe
devant l'autel de la chapelle Mauloué [3], le roy feist son oroison
bien et longuement; laquelle faicte, le roy bailia à son chappellain
led. oriflambe pour porter et de fait le porta après le roy en son
ostel. Ce jour furent faictes plusieurs esquarmouches de une part
et d'aultre, etc.

115. Le samedi ensuivant, les devantdiz maistre Jehan Lui-

---

1. Jean Jeffroi, évêque d'Albi, cardinal-prêtre du titre de Saint-Silvestre et
de Saint-Martin-des-Monts.

2. Ce mot, omis dans le ms. du Vatican, nous est fourni par le ms. de la
Bibl. nat.

3. Cette chapelle avait été construite en 1408 près du maître-autel et sous
le titre de l'Assomption de la Vierge par Henri Mauloué, audiencier en la
chancellerie de France, qui mourut en 1420. Au xviiᵉ siècle, elle prit le nom
de chapelle de Saint-Joseph ou des Allegrins (*Antiquités du prieuré de Sainte-
Catherine-de-la-Couture de Paris*, par le P. François Quesnel, ms. du fonds
fr. 4612, p. 50-51 et 299). La copie du P. Quesnel, au lieu de désigner cette
chapelle par le nom de son fondateur, porte : *la chapelle en laquelle il avoit
ouïe la messe.* La correction faite par le réviseur au texte de Maupoint trahit
un homme qui connaissait bien l'église de Sainte-Catherine, soit qu'il habi-
tât le voisinage, soit qu'il appartînt au prieuré.

lier, docteur etc., maistre Eustace Luilier, etc., sire Arnault Luilier etc. freres etc. ambassadeurs, par le comandement et vouloir du roy furent mis hors de Paris, et furent contrains de eulz en aler tenir à Orleans, pource que on disoit que ilz avoient esté de ceulz qui vouloient que monseigneur de Berri etc. feussent mis dedens Paris *ut supra*. Ce jour furent faictes plusieurs esquarmouches à pou d'acquest [1].

116. Le dimenche premier jour du mois de septembre, le lundi et le mardi ensuivant, furent faictes grans esquarmouches, mais pou gangnerent les ungs sur les aultres.

117. Le mecredi ensuivant, par monseigneur de Berri et ses aliés, affin de pourparler de faire paix, furent demandées treuves au roy qui les leur accorda jusquez au vendredi ensuivant soleil levant, ouquel jour de vendredi, vi[e] dudit mois de septembre lesdites treuves furent criées prolongées jusquez au mecredi ensuivant soleil couchant.

118. Ce temps pendent, monseigneur le duc de Berri, le duc de Bretaingne, le conte de Dunois, le sire de Loiac, le sire du Bueil et aultres seigneurs bretons ce tenoient à Saint-Mor-des-Fossés, et leur armée ce teint à Saint-Denis et environ, lesquelz lors fortiffierent l'isle de Saint-Denis contre le roy et la ville de Paris et feirent plusieurs grans maulz en toute la France, comme de rompre et pillier eglises; entre les aultres les eglises et villes de Gonnesse, de Louvres, de Sarcelles, de Saint-Brice, de Pierrefritte, et plusieurs aultres eglises et villes furent ronpues, efforcées, desrobées et piliées jusques aus cramilliées [2] inclus.

119. Les ducs de Bourbon, de Calabre, de Nemours, de Cleves, et de Gales, le conte de Carrolois, le conte de Saint-Pol, les contes de Dampmartin, de Brienne, de Roussi, de Merle, de Boulongne et aultres plusieurs grans seigneurs ce teinrent à Beaulté, à Plaisance, au pont de Charenton, à Charentonneil [3], à Conflans, à Barsuis [4] et en la Granche-aus-Marciers, et feirent et fortiffierent fort ung grant et puissant boulovart en la Brie, sur la riviere de Sainne au droit du Port-à-l'Anglois, pour le quel

---

1. *A pou d'acquest* manque dans le ms. du Vatican où ces mots sont remplacés par etc.
2. Crémaillères.
3. Charentonneau.
4. Bercy.

faire ilz abatirent les bergeries et estables de ladite Granche-aux-Marciers, de Barsuis et plusieurs bonnes maisons audit pont de Charenton, à Maisons-sur-Sainne et tout à l'environ et feirent plusieurs aultres grans maulz comme ceulz qui estoient environ Saint-Denis en France.

120. Le conte d'Armignac, le sire d'Alebret et plusieurs aultres grans seigneurs, chevaliers, barons et gentilz hommes en grosse et forte armée, tous comme les aultres ci dessusdiz contre le roy et la ville de Paris, ce tenoient et ce teinrent à Nogent et Bray-sur-Sainne, à Provains en Brie et à l'environ et, comme les aultres estans en la France et devant Paris, ilz feirent plusieurs grans maulz en toute la Brie et en la Champaingne jusques aus portes de Troies, de Chaalons et de Reins et outre [1], et avec les maulz ci dessusdiz ilz efforcerent fames et filliez, ils bouterent les feus en plusieurs lieus, ilz exstirperent et couperent les vingnes, ilz abatirent les arbres à fruit, ilz prenoient hommez et bestes prisonniers et plusieurs aultres maulz que on ne saroit dire, et tous lesquelz ci dessusdiz et ung chascun de eulz menassoient le roy, la ville de Paris et tout le païs de y faire pis.

121. Led. temps pendent desdites criées [2] treuves, le roy, monseigneur le conte du Mainne; monseigneur le conte de Eu, general lieutenant du Roy nostre sire à Paris et en l'environ; monseigneur Charles de Meleun, chevalier, baron de Landez et baillif d'Evreux; monseigneur le bastard du Mainne; monseigneur Joachin Rouault, chevalier, mareschal de France; monseigneur d'Estouteville, seigneur de Torsi; monseigneur Robert d'Estouteville, son frere, chevalier, baron d'Ivri, seigneur de Beinne; monseigneur [Jean] [3] de Monltaulban, chevalier admiral de France; monseigneur Guillaume dit des Ursins, jadis chancelier [4], chevalier, seigneur de Trainnel, et plusieurs aultres grans seigneurs, barons, chevaliers, escuiers en grant armée que on disoit de environ xxv mille bons combatans, le roy nostre sire et tous lesd. seigneurs avec leur armée ce teinrent à Paris et environ. Et ce temps pendent desdites treuguez, le roy feist parfaire ung boulovard entre la tour de Billi et la riviere de Sainne et fermer de berrieres les

---

1. *Entre* dans les deux mss.

2. *Criées* manque dans le ms. de la Bibl. nat.

3. Ce prénom est resté en blanc dans les deux mss.

4. Les mots *jadis chancelier* manquent dans le ms. de la Bibl. nat.

champs[1] depuis la chaussée de Saint-Anthoine hors de Paris en tirant à la riviere de Sainne [pour ce que lesd. seigneurs pour lors ses adversaires se ventoyent d'entrer à Paris par là. Et pour tant, comme dit est, lors fut fait de par le roy ung grant][2] boulovard et puissant et grans tranchées parfondes de là l'eaue en l'endroit de Ivri et près du Port à l'Anglois, à l'oposite d'ung aultre boulovard que lesdiz Bretons et Bourguignons avoient fait sur la riviere de Sainne, au droit dudit Port-à-l'Anglois, environ une grosse lieue au dessus de Paris en tirant à Corbeil.

122. Led. temps durant desdites treuves, monseigneur le conte du Mainne, monseigneur de Pressegni, chevalier, premier president en la Chambre des comptes, monseigneur de Traingnel, chevalier, tous pour le roy, pourparlerent et parlementerent par plusieurs fois avec les ducs de Calebre, le conte de Saint-Pol et aultres du parti desdiz Bourguignons. Et mesmement le roy en sa personne, le lundi ixe jour dudit mois de septembre, oultre les fossés de Paris et devant la bastille Saint Anthoine, ledit temps desdites treugues durant, par l'espace de heure et demie et seul à seul parla audit conte de Saint-Pol[3]. Que ilz deirent on ne scet, mais tant scet on que ilz ce departirent l'ung de l'autre faisant bonne chere, pour quoy on esperoit que paix seroit faicte.

123. Le mecredi ensuivant qui fut le xie jour dud. mois de septembre et le derrenier jour desdites treugues publiées, affin de traictier les moiens de faire accord et paix avec le roy et les ducs et contes ci-dessusdiz, plusieurs gens notables d'eglise et plusieurs nobles chevaliers et gentilz hommez et cappitaines de guerre avec l'Université et la court de Parlement furent tous assemblés en l'ostel du roy, et furent toute jour à conseil; mais que ilz dirent ou feirent, on ne scet, fors que les treugues furent prolongées de ce jour jusques au samedi ensuivant pour toute jour.

124. De rechef et pareillement le jeudi ensuivant qui fut le xiie jour dudit mois, tous les dessusdiz desdiz estas, en aussi grant nombre ou plus que devant, furent assemblés en l'ostel du roy

---

1. Ms. du Vatican : *par les champs.*

2. Les mots entre crochets ont été substitués au texte primitif ainsi conçu : lors aussi fut fait ung grant...

3. Commines nous apprend que l'entrevue ne se passa pas seulement entre le roi et le comte de Saint-Pol et que le comte de Charolais y prit part. Il nous peint l'entrée en matière du roi et nous fait connaître les conclusions de l'entretien.

à la fin dessusdite, et ce jour furent ouvertes et traittiées en conseil les demandes que faisoient au roy monseigneur le duc de Berri et ses aliés, oultre celles escriptes es vi[xx] et ung feuliets ci precedens[1] et lesquelles demandes en effect son[t] telles : Primo, ilz demandent[2] que les gens d'eglise reguliers et seculiers soient gardés et maintenus en leurs libertés et franchises. Item, que les nobles soient remis en leurs preeminances, prerogatives et honneurs, et soient gardés et maintenus en icelles et en toutes leurs libertés et franchises. Item, que les gens de justice soient reformés et justice gardée. Item, que ilz soient par le roy reparés et restitués des dommages et interest que ilz ont eus à la cause de ceste guerre. Item, que ilz aient seurté[3] du roy et de son armée pour eulz, pour leur armée et pour tous leurs biens et pour eulz en retourner chascun en son païs. Item, monseigneur de Berri pour son partaige et pour la part du royaulme, demande les duchés de Guienne et les deppendences, de Gascongne et de Normendie.

125. Et, pource que lesdites demandes semblerent au roy trop generales, il ne fut rien determiné ne conclu ce jour de jeudi, mais le vendredi ensuivant, de rechef tous lesdiz seigneurs desdiz estas de l'eglise, des nobles, de l'Université, de Parlement et de la bourgoisie furent assemblés en l'ostel du Roy, affin de tous jours conseilier et adviser le mieulx sur tout ce que dit est. Et ce jour present, tout le conseil le roy respondi aus demandes contenus en six articles ci presentement escriptes, et lesquelles responces faictes par le roy ausd. six articles sont escriptes bien au long ou feuillet ci ensuivant[4]. Et pource que lesdites responces du roy semblerent au conseil conclurre en negative, ou ausmoings le roy vouloit que mond. seigneur de Berri et ses aliés declarassent plus à plain particulierement leur entencion sur chascun article et les fins où ilz vouloient venir, sens faire leurs demandes si grandes ne si confuses, pour cedit jour de vendredi tout demoura imparfait, et demourerent tous lesdiz seigneurs du conseil

---

1. *Escriptes cy devant*. Ms. de la Bibl. nat.

2. *Demandoient*. Ms. de la Bibl. nat.

3. Ici commence dans le ms. de la Bibl. nat. une lacune provenant de la perte d'un feuillet de l'original. La copie du P. Quesnel reprend aux mots : *d'une part et d'aultre environ lesd. portes de S. Antoine et de S. Jacques* (voyez p. 129).

4. Voyez plus bas.

en proplexité entre paix et guerre, car ilz ne savoient concevoir par lesdites responces du roy au quel le roy vouloit conclurre. Et aultre chose ne fut fait pour cedit jour de vendredi.

126. Le samedi ensuivant qui fut le xⁱⁱⁱⁱᵉ jour dud. mois de septembre, jour de la feste de l'Exaltacion Sainte-Croix, monseigneur Charles d'Anjou, conte du Mainne, oncle du roy et de monseigneur de Berri et oncle de monseigneur le duc de Calabre, tres matin ce departi de Paris et retourna par devers monseigneur de Berri et les aultres seigneurs ducs et contes, ses aliés et leur relata les responces du roy, desquelles ilz ne feirent conte, car ellez n'estoient point à leur gré, ne telles comme ilz les cuidoient ouir et avoir du roy. Et ne conclurent rien ne à paix ne à guerre, mais seulement furent contens que les treugues, lesquelles failloient ce jour, feussent prolongées jusques au mardi ensuivant pour tout le jour, se il plaisoit au roy, dont le roy fut content. Et dit le roy que, de lors en avant, il ne en donroit plus nullez, et ainsy ce jour furent publiées à Paris.

127. Dud. jour de samedi jusquez audit jour de mardi, furent fais plusieurs grans pourparlemens sur lesdites matieres en l'ostel du roy à Paris et present le roy, et sur aultres matieres de la part de monseigneur de Berri nouvellement mises sus et demandées au roy [lesquelles sont escriptes ou feuliet ci ensuivant][1], et sur lesquelles matieres et demandes durant led. temps il ne fut rien conclu de la part du roy, pource que ilz demandoient trop grans choses, et trop à la charge et au deshonneur du roy et du royaulme et à la diminucion de sa preeminance et de son demmaine. Et ainsy demourerent lesdiz seigneurs et d'ugne part et d'aultre en pourparlemens durant tout led. temps desdites treugues sens conclurre à la paix.

128. Le jeudi ensuivant, qui fut le xⁱxᵉ jour dudit mois de septembre, la guerre fut criée et publiée ouvertte à plain estandart entre le roy et ses aliés et monseigneur de Berri et ses aliés et treuves failies, et fut commandé à tous gens d'armes lors estans à Paris pour le roy, estimés en nombre de quarante mille bons conbatans, que chascun alast à son guet et à sa garde sur painne de la hart. Cedit jour de jeudi furent apportées et presentées au roy à Paris les finances de Languedoc en tresgrant nombre, dont gens de guerre furent joieux. Et cedit jour, ainsy

---

1. Ces mots ont été barrés.

comme environ quatre heures apres midi, monseigneur messire Pierre de Morvillier, chevalier, chancelier de France, avec plusieurs nobles seigneurs et messeigneurs du conseil du roy en sa court de Parlement et grant peuple de Paris, tant du clergé que de bourgoisie, furent assemblés en la grant chambre de Parlement et là, en haulte audience monseigneur le chancelier pour le roy proposa tres distingueement et recita les demandes que, de rechef et de nouvel, faisoient et demandoient au roy monseigneur le duc de Berri et ledit conte de Charrolois, et puis proposa et dit les responcez et offres que le roy avoit faictes et faisoit ausdites demandes, [lesquelles et les responces et offres faictes par le roy sont escriptes bien au long oud. feuliet [1].] Ce jour mesmes dessusdit, furent faictes grandes esquarmousches par les hommes de guerre du roy sur lesdiz Bourguignons oultre la porte Saint-Anthoine, entre Ruilly et Barsuis et la Granche-aux-Marciers, et pareillement oultre la porte Saint-Jaques vers Gentilli, Vitri et Ivri, en tirent au Port-à-l'Anglois; et tout cedit jour de jeudi, lesdiz Bourguignons eurent du pis et perdirent plusieurs de leurs hommes d'armes, que mors que prisonniers, lesquelz prisonniers depuis furent naiés.

129. Le vendredi ensuivant, pareillement furent faictes grandes esquarmouches et [2] d'ugne part et d'aultre environ lesdites deux portes de Saint-Anthoine et de Saint-Jaques et lesdiz lieus, et y furent occis et mors environ xxviii hommes, et ne sceut on à dire lesquels eurent du pieur [3], ou François ou Bourguignons.

130. Le semedi ensuivant, qui fut le jour de la feste saint Mathieu apostre et euvangeliste, ne fut aultre chose faicte, si non esquarmoucher et ne y eust pas ce jour grans meurtres. Charles de Louviers, natif de Paris et filx de sire Nicolas [4] de Louviers, marchant et bourgois de Paris, par armez [entre Paris et Saint-Anthoine-des-Champs, en courant et assaillant l'ung l'aultre roidement et de couraige, la lance ung chascun d'eulx au poing

---

1. Ces mots ont été barrés. Les registres du conseil du Parlement présentent de 1462 à 1466 une lacune qui nous prive du procès-verbal de cette séance ainsi que de bien d'autres renseignements sur les événements de l'époque.

2. Ici finit la lacune du ms. de Paris.

3. *Lesquels eurent du pieur* manquent dans le ms. du Vatican.

4. *Nicolas* est une correction du ms. de Rome où on lisait d'abord *Jehan*, comme dans le ms. de la Bibl. nat.

d'aventure], occit messire Joce de Lalain [1], chevalier henoier, tenant le parti des Bourguignons, dont il eut grant honneur [envers le roy et les princes de France].

131. Ce jour, par les Bretons tenant le parti des Bourguignons, par traïson et vendicion faicte par Loys Sorbier, natif du païs de Berri, homme d'armez et lieutenant des gens d'armes de monseigneur le mareschal Jouachin Rouault, la ville et chastel de Pontoise fut vendue et livrée aus Bretons et Bourguignons, et par telz moiens y entrerent.

132. Le dimenche ensuivant, qui fut le xxiie jour dud. mois de septembre et oudit an, ne le lundi ensuivant ne furent faictes nulles esquarmouches [2], pource que monseigneur le conte du Mainne, monseigneur Jouachin Rouault, mareschal de France, monseigneur [Jean [3]] de Monltaulban, chevalier, admiral de France, monseigneur Guillaume des Ursins dit Juvenel, chevalier, seigneur de Trainel, maistre Guillaume Cousinot, conseilier du roi [et seigneur de Monstreul] et aultres grans seigneurs sages et prudens, ainsy comme ilz avoient commancé le mecredi iiiie jour de ce present mois de septembre, ilz poursuivoient et poursuivirent de pourparler sur les moiens de faire paix entre le roy et monseigneur de Berri son frere et ses aliés.

133. Le mardi, mecredi et jeudi ensuivant, ne furent faictes nulles esquarmouches, pource que lesdiz conte du Mainne et aultres seigneurs, et avec eulz maistre Jehan Dauvet, president de Tholose, poursuivoient leurs entreprises et pourparlemens avec monseigneur de Berri et ses aliés ou leurs deputés, tendens affin de paix. Ce non obstant, cedit jour de mardi qui fu le xxiiiie jour dud. mois de septembre, par les Bretons et Bourguignons à Susainnez [4] et environ furent occis xxx Escossois du parti du roy et lesquelz estoient de son ordonnance.

134. Ce temps durant desd. trois jours de mardi, mecredi et jeudi, les eglises parrochiales et villes de Gentilli, Vitri, Ivri et plusieurs aultres là en tour par lesdiz Bretons et Bourguignons furent ron-

---

1. C'était probablement un parent du *bon chevalier* Jacques de Lalaing, héros de la chronique qui porte son nom.

2. Toutefois le dimanche les alliés vinrent « faire un réveil » devant la porte Saint-Antoine (Chronique Scandal.).

3. Le prénom est resté en blanc dans le ms.

4. C'est-à-dire Suresnes. Suivant la Chronique Scandaleuse cet événement aurait eu lieu à Sèvres.

pues, pilliées et desrobées, et les villes de Creteil, Boissi, Salnon [1] et aultres là environ par les François, ausmoings par aulcuns tenans le parti du roy, furent ronpues, efforcées et pilliées, et plusieurs aultres maulz furent faiz et par les François et par lesdiz Bretons et Bourguignons, qui ne sont pas possible d'estre escrips [et vault mieulz se en taire que de les escripre], le roy tous jours estant à Paris.

135. Ced. jour de mecredi, come environ XII heures de nuit, furent alumés grans feus parmi Paris, especialement devant les huis des hostelz esquelz estoient logés les cappitaines des gens d'armes, pour ce que on ce doubta et avoient eues messeigneurs de la ville aulcunez nouvelles et apparences de traïson contre le roy et la ville, dont il ne fut rien.

136. Le vendredi ensuivant y ne fut rien fait, ne esquarmoche ne aultrement, pource que monseigneur le conte du Meinne, avec lui monseigneur de Pressegni, chevalier, et les aultres seigneurs ci devant nommés poursuivoient tous jours leurs ambaxade affin de paix.

137. Le samedi ensuivant, monseigneur le conte du Mainne, monseigneur de Pressigni, monseigneur de Trainnel, monseigneur le president de Tholose et aultres seigneurs poursuivirent leur ambassade au fait de la paix, et ce jour feirent porter devers monseigneur de Berri les chartres, lettres, tiltres, registres et papiers des comptes de la conté de Champaingne et palatine de Brie, affin de faire savoir à monseigneur de Berri et ses aliés la valeur de ladite conté et palatine, pource que monseigneur de Berri les demandoit au roy pour son partage entre aultres choses.

138. Ce jour monseigneur le bastard d'Armignac, conte de Commi[n]ges, general lieutenant du roy notre sire, monseigneur Charles de Meleun, chevalier, baillif d'Evreux et monseigneur le bastard du Mainne, maistre Henri de Livres, prevost des marchans, et messeigneurs les quatre eschevins de Paris feirent assembler et de fait furent assemblés en l'ostel de la ville tous les quarteniers et cinquanteniers de Paris. Et tous lesquelz et seigneurs et bourgois, es mains de mondit seigneur de Comminges pour le roy, feirent serment de loiaulment garder et deffendre la ville de Paris pour le

---

1. Nous ne trouvons pas de localité de ce nom dans les environs de Creteil et de Boissy-Saint-Léger.

roy et d'estre obeïssans au roy et non pour aultre ne à aultre.

139. Ced. jour de samedi furent aportées nouvelles au roy estant à Paris que le duc de Bourbon et les Bretons estoient entréz dedens la ville et chastel de Rouhen en Normendie par la tradicion de la veufve feu messire Pierre de Bresé[1], — mort en la journée de Montleheri, en son vivant chevalier, grant seneschal de Normandie, — et de son filx, depuis la mort dudit Bresé son pere, grant seneschal de Normandie, la quelle veufve et sondit filx tenoient et faisoient leur demeure oudit chastel de Rouhen. Et lesquelles nouvelles furent trouvées vraies, dont le roy fut tres desplaisant.

140. Le dimenche qui fut le xxix⁰ jour dud. mois de septembre, jour de la feste monseigneur saint Michel, fut faicte grant assemblée de plusieurs nobles et de grans sages hommes de tous estas en l'ostel du roy à Paris, et là furent proposées les demandes ausquelles c'estoient restrains monseigneur de Berri et ses aliés et les conclusions que avoient faictes les ambassadeurs du roy ci dessus nommés avec mondit seigneur de Berri et ses aliés, et desquelles ils estoient contens se il plaisoit au roy. Et lesquelles demandes et conclusions, tant par les nobles que par les sages, lors estans à conseil avec le roy en son ostel à Paris, diligenment et de grant prudence furent conseiliées, advisées et deliberées, et finablement fut conseilié au roy, affin de ovier plus grant mal et de avoir paix, que il teint lesdites conclusions, lesquelles il accorda et de tout fut content et par telz moiens fut accordé et parfait le traictié de la paix, [desquelles conclusions et duquel traictté la copie est escripte ou feuliet ci après ensuivant[2]]. Et nota que lors fut accordée par le roy la duché de Normandie à son frere, lequel en ce lieu delessa au roy la duché de Berri; et moiennent ladite duché de Normandie ainsi accordée par le roy à son frere, son frere fut content de son partage. Cedit jour de dimenche, du gré du roy et de son congé, son frere avec le conte de Charrolois entrerent dedens le chastel et forteresse du Bois-de-Vinciennes, pour eulz reposer et raffreschir jusquez au samedi ensuivant tant seulement.

141. Le mardi ensuivant, que fut le mardi premier jour du mois

---

1. Voir les lettres de rémission accordées à Jeanne Crespin, veuve de Pierre de Brezé, au mois de janvier 1466 (n. s.) dans Lenglet-Dufresnoy, t. II, p. 45.

2. Ces mots ont été barrés.

d'octobre oudit an mil iiii[c] lx cinq, par monseigneur Tristam l'Ermitte, chevalier, prevost de messeigneurs les mareschaulz[1] de France, furent criées et publiées parmi Paris treugues à tous jours entre le roy nostre sire et les dessusdiz seigneurs du sang, et du quel cri la teneur s'ensuit: « L'en fait assavoir, de par le roy nostre sire, que treuves sont accordées entre ledit seigneur et les seigneurs de son sang et tous aultres de leur armée et aliance pour tousjours, sauf trois jours de desdit, et est à entendre que nul des dessusdiz ne pourra faire guerre sens faire assavoir aus parties contraires, trois jours devant, que ilz ce tiennent sur leurs gardes. Et tout selonc ce qui en a esté et est fait, passé et accordé par escript entre icellui seigneur et les dessusdiz. Fait le premier jour d'octobre l'an mil iiii[c] lx cinq. »

142. Ce dit jour de mardi, mecredi et jeudi ensuivant, par le congé et ordonnance du roy et de nosseigneurs de son conseil, aulcuns des marchans de la ville de Paris, soubz esperance et cuidant gangnier avec lesdiz Bretons et Bourguignons, feirent porter et porterent jusques vers l'eglise et abbaye de Saint-Anthoine-des-Champs près de Paris plusieurs de leurs marchandises, especialement pain cuit, vin en gros, draps en gros, chausses, soulers et aultres telles denrées necessaires pour vivre et vesture de homme, desquelles lesdiz Bretons et Bourguignons et tous leurs aliés, lors estans devant Paris et contraires du roy et de Paris, avoient eue et avoient tres grant necessité. Les aulcuns desdiz marchans gangnierent et les aultres perdirent de leurs denrées[2], lesquelles leur feurent emblées.

143. Et est vray que le temps pendent desdiz trois jours de mardi, me[c]redi, et jeudi et le vendredi ensuivant, les Bourguignons, qui estoient logés devers la Granche-aux-Marciers et le pont de Charenton, coururent en la France et en la Brie et y feirent plusieurs grans dommaiges et irreparables en degast de blefs en granches, en prises de chevaulz et de harnois, en destroussant et desrobent hommes et fames, en desronpant maisons en plusieurs villes, en emportant les biens et meubles que ilz trouverent[3], en dagastent et despouliant les vignes tout à l'environ de Paris et deça l'eaue et delà l'eaue, et mesmement desroberent et pillierent[4] plusieurs

---

1. Copie de Quesnel : *prevost des mareschaux.*

2. Ibid. : *perdirent et à gagner et de leurs denrées.*

3. Ibid. : *trouvoient.*

4. *Pillierent* manque dans le même ms.

eglises es villages, ou content et desplaisant de ce que ilz ne avoient peu et ne povoient pillier et desrober la ville de Paris à leur gré. Et fait ici bien à noter que quant monseigneur le duc de Berri et les aultres seigneurs de son alliance commancerent à faire ceste presente guerre contre le roy et le royaulme, laquelle ilz commancerent ou mois de mars en l'an mil IIIIᶜ LXIIII, ilz fundoient leur entencion et leur faict comme ilz disoient sur aucuns poins[1].

144. Le samedi ensuivant, qui fut le cinquieme jour dudit mois d'octobre, nouvelles furent apportées au roy, lors estant à Paris, que aucuns Picars, tenans le parti desdiz Bourguignons, estoient entrés dedens Peronne pour ledit conte de Charrolois[2] et avoient prins dedens ladite ville de Peronne le conte de Nevers tenant le parti du roy. Et lesquelles nouvelles furent trouvées vraies.

145. Le lundi ensuivant, qui fut le VIIᵉ jour du mois d'octobre, furent aportées lettres audit conte de Charrolois que sa femme, seur de monseigneur de Bourbon, estoit alée de vie à trespas[3], dont ledit conte et ledit duc de Bourbon furent tres desplaisans.

146. Monseigneur Loys de Luxembourc, chevalier, conte de Saint-Pol, lequel par tout le temps de ceste presente[4] guerre avoit menée et conduite l'avant garde dudit conte de Charrolois contre le roy et le royaulme, especialment contre le roy et la ville de Paris et les pals de France, de Brie et de Champaigne, au moien du traittié et accord naguieres fait par le roy et aulcuns de son conseil, entre lesquelz estoit monseigneur le conte du Mainne avec ledit frere du roy, à present duc de Normandie, le duc de Bretaingne et ledit conte de Charrolois, ledit de Luxembourc, conte de Saint Pol, aujourd'ui[5] samedi XIIᵉ jour dudit mois d'octobre oudit an mil IIIIᶜ LX cinq[6], par le roy fut establi et institué conestable de France. Et cedit jour, le roy estant à Paris en la grant sale du Palaix, devant la table de marbre, ledit conestable feist au

---

1. « Descrips et declerés ou feullet ci après ensuivant. » Ces mots ont été barrés et la phrase à laquelle ils se rapportent a été ajoutée par le copiste du ms. du Vatican.

2. Le château fut surpris le 3 octobre; la ville se rendit le même jour. Voir Du Clercq, collection Buchon, p. 60-61.

3. Catherine de Bourbon mourut le 26 septembre. Voir Du Clercq, p. 59.

4. *Presente* manque dans la copie de Quesnel.

5. Les mots « *et les pals de France — aujourd'hui* » ont été insérés dans le texte de Maupoint par l'auteur de la première rédaction du Vatican.

6. Voir dans Langlet-Dufresnoy, pièce 67, l'extrait des registres du Parlement.

roy les sermens de loiaulté et services acoustumés d'estre fais par
connestablez aus rois de France, et reçoit l'espée de France de la
main du roy, puis le[1] baisa en la bouche. Et ce fait, ce jour et à l'eure
c'est assavoir ainsy comme environ xi heurez devant midi, ledit
connestable entra en la grant chambre de Parlement, en laquelle il
trouva messeigneurs les presidens et conseillers du roi en grant et
belle ordonnance et reverance, et là devant lui furent leues les
institucions[2], instructions et lois esquelles les connestables de
France ont esté et sont estrains et obligés, et lesquelles ilz sont
tenus par foy et par serment de garder et observer à l'onneur de
Dieu et de l'eglise et à la paix, honneur et proffit du roy et du
royaulme. Et là feist les sermens requis et acoustumés d'estre fais
par les connestables de France, lesquelz il jura et promit de garder bien et loiaulment toute sa vie, et aussy le roy lui promit le
garder et maintenir en tous les honneurs et en toutes les premi-
nances, prerogatives, auctorités, drois, franchises et libertés de
connestablez de France, et lui jura et promit paier par chascun an
xxiiii mille livres tournois pour ses gages, oultre et pardessus
tous les aultres prouffis de la connestablie, et sens en ce en rien
comprendre les gages et prouffis que le roy lui avoit accordés pour
l'estat et gouvernement des pais de France, de Brie et de Champaigne, de Valois et de Piccardie[3], que le roy lui avoit bailiés[4].

147. Le lundi ensuivant, qui fut le xiiiie jour dudit mois d'octobre oudit an, nouvelles furent apportées au roy estant à Paris
que le bastard de Bourbon, acconpaigné de gens d'armes tenans
le parti dudit de Charrolois, bourguignon, tant par tradicion
comme par force estoient entrés dedens la cité de Evreux[5] et
avoient pris les bourgois de la cité prisonniers et mis à grans
raensons et pilliés les gens d'eglise en leurs ostelz, et que lesdiz
tenans le parti desdiz Bretons et Bourguignons, tant de emblée
que par tradicion, avoient prins et estoient entrés en plusieurs
cités, bonnes villes et forteresses de Normandie, lesquelles nouvelles furent trouvées vraies, dont le roy fut tres desplaisant,

---

1. Ms. du Vatican : *la*.

2. *Institutions* manque dans le ms. de la Bibl. nat.

3. Ms. de la Bibl. nat. : *de Vallois et de Vermandois*.

4. Ibid. : *baillié en gouvernement*. On lit en marge dans le ms. du Vatican
cette note écrite par le réviseur : « Ycy mettre comment le roy bailla ses terres
engaigées xiie d'octobre. »

5. Le 9 octobre, jour de la Saint-Denis (Chronique Scandaleuse).

pource que il avoit accordée la duché de Normandie à monseigneur sondit frere, et le vouloit faire mettre en possession dudit duché honnorablement et non point par telles traisons ou emblées.

148. Neantmoins tous ces jours, depuis les treugues à tous jours criées et publiées par le congié du roy et des seigneurs, lesdits Bretons et Bourguignons entrerent et alerent parmi Paris ainsy comme ilz vouloient, sauf que ilz ne portoient point sur eulz aulcüns harnois de guerre; mais au surplus ilz povoient acheter et achetoient tout ce qui leur estoit necessaire, tant pour leurs personnes comme pour leurs chevaulz. Et estoit la porte de Saint-Anthoine gardée par ledit monseigneur le prevost des mareschaulz de France et les bourgois de Paris, tellement et de si grant guet que nul desdiz Bretons ou Bourguignons ne entroit point à Paris que par congé, et que on ne sceut où il aloit et que il queroit ou que il vouloit. Et pareilement estoient gardées toutes les aultres portes de Paris par les bourgois de Paris. Ledit lundi xiiiiᵉ jour dudit mois d'octobre, lesdiz Bretons et Bourguignons commancerent à entrer à Paris sens congé, et à y aler et venir armés ou non armés comme ils vouloient, et de fait y alerent et veinrent et entrerent[1] et yssirent à leur plaisir, sens dire ne faire aulcune injure ou villenie à personne quelconques dedens Paris et sens y avoir fait aulcun effort. Mais aussy y fait bien à noter que lesdiz Bretons et Bourguignons trouverent la ville de Paris grandement pourveue et fournie de tous vivres et à grant marché; et ausquelz pour leurs argent, tant pour ceulz qui entroient à Paris comme pour ceulz qui[2] demouroient en leurs osts et de ça l'eaue de Sainne et de là, on bailioit et delivroit on pain, vin, chair, poisson, tous vivres et toutes aultres marchandises et harnois de guerre, tant comme ilz en vouloient et que ilz en povoient paier. Et pareillement ilz trouverent les bourgois et manens et habitans de la ville de Paris en grant arroy, bien habilliés, bien armés, bien artilliés et en grant nombre, ausmoins comme ilz disoient, jusquez au nombre de xxx m bons combatans, la ville et les murs de la ville bien gardés et deffendus dont lesdiz Bretons et Bourguignons ce donnoient grant merveille et ce repentoient de la mal conseiliée entreprise qu'ilz avoient faitte contre le roy

---

1. *Et entrerent* a été omis par le P. Quesnel.

2. Les mots « *entroient — ceulx qui* » ont été omis par le copiste du ms. du Vatican.

et la bonne cité de Paris. D'aulcuns de eulz estoient qui se despitoient de ce que ilz ne avoient peu ne osé assaillir et pillier la cité et ville de Paris, comme leurs chefs de guerre leur promettoient et avoient promis au partir de leurz païs. Touteffois on ne ce fioit point tant en eulz que les portes, les murs et les rues et carreffours de Paris ne feussent bien et fort gardés et jour et nuit. Et demourerent tous jours les gens d'eglise, les nobles, les bourgois et marchans et tout le peuple de Paris en bonne union, amour et reverance avec le roy, et le roy en grant amour avec eulz, à la grant confusion de tous les dessusdiz Bretons et Bourguignons et de tous leurs aliés.

149. Ce non obstant monseigneur le conte du Mainne et les aultres bons seigneurs du conseil du roy ci dessus nommés poursuivirent et labourerent en toute diligence à la parfection du traictié de paix entre le roy et monseigneur de Berri, son frere et ceulz de son aliance, sur lequel et duquel lesdiz seigneurs, tant d'ugne part que d'aultre, passé avoit trois sepmaines, avoient jà par plusieurs journées pourparlé ensemble, et tant labourerent que par leurs sens et prudence ledit traictié fut parfaict [1] pour le roy avec mondit seigneur de Berri, monseigneur le conte de Charrolois et ledit conte de Saint-Pol, connestable de France, comme dit est. Mais [2] messeigneurs les ducs de Bourbon et de Calabre et le conte d'Armignac ne furent point contens, pour ce que ilz disoient que mesdiz seigneurs de Berri, de Charrolois et de Saint Pol estoient bien partis et paiés par le roy, et ilz ne avoient rien eu, eulz qui avoient porté tout le fais de la guerre, sauf que voirement ledit conte de Charrolois avoit bailliés grans sommez de deniers, dont tous les gens de guerre avoient esté paiés, et si avoit bailliée toute l'artillierie. Et ainsy demourerent en telz debas environ quatre ou cinq jours et maulcontens les ungs des aultres en leur armée, pour ce que les aulcuns de eulz ne se vouloient contenter de ce que le roy leur avoit delessé et delivré; et si les avoit bien contentés et devoient estre contens, comme ceulz mesmez de leur parti disoient.

150. En ce temps ledit conte d'Armignac et ses gens faisoient tous jours grans maulz, grans oultrages et grans pillieries ou païs

---

1. A Conflans, le 5 octobre.

2. La fin du paragraphe, à partir de ce mot, a été ajoutée par l'auteur de la première rédaction contenue dans le ms. du Vatican.

de Brie en ransonnent villes et maisons. Lors fut oudit païs de
Brie et devers Estrechi oultre Montleheri, ung cappitaine de bri-
gans[1], nommé la Fosse, lequel avoit en sa conpaignie environ trois
cens[2] hommes, et lequel cappitaine et ses hommes tenoit les bois à
xvi ou à xviii lieues à l'environ et en tour Paris, sens mal faire à
marchans ne à gens qui eussent tenu ou qui tenoient le parti du
roy, mais ausdiz Bretons, Bourguignons et Armignacs il porta
mains grans dommages, tant en mors de hommez, comme en
pertez de chevaulz et d'aultres biens, et les greva tres fort, dont ilz
furent moult esbahis[3].

151[4]. Non pourtant ne lesserent point lesdiz seigneurs à pour-
suivir le traittié de la paix, mais fut par eulz si bien poursuivi et
si discretement que ilz menerent leur poursuite à bon port. Et fut
le roy bien content de monseigneur de Berri, et les aultres seigneurs du sang ses aliés bien contens du roy, par les poins et
moiens descrips et contenus es lettres du traictié sur ce fait[5].

152[6]. Ledit conté de Charolois, filz dudit duc de Bourgongne,

---

1. Ms. de la Bibl. nat. : *le cy devant dict capitaine nommé...*
2. Ibid. : *quatre cens.*
3. Ibid. : *et desplaisans.*
4. Ce paragraphe est une addition au texte de Maupoint.
5. C'est le traité qui porte la date de Saint-Maur et du 29 octobre. La
rédaction de notre journal pourrait faire croire que l'objet du traité de Saint-
Maur fut de donner satisfaction aux ducs de Bourbon et de Calabre et au
comte d'Armagnac, oubliés dans le traité de Conflans. Les actes authen-
tiques sont contraires à cette idée. Les demandes des alliés leur furent
accordées à tous à la fois le 2 octobre (Lenglet-Dufresnoy, pièce 65). Chacun
d'eux fit consacrer par un traité particulier les avantages qu'il avait obtenus
(Mémoires de Jacques Du Clercq, éd. Buchon, p. 67). De tous ces traités un
seul s'est conservé jusqu'à nous, c'est celui qui règle les intérêts du comte
de Charolais et qui fut rédigé à Paris le 5 octobre. Quant au traité de
Saint-Maur qui fut expédié au nom du roi le 27 et au nom des confédérés
le 29 octobre (*Ord. des rois de Fr.*, XVI, 373, et Lenglet-Dufresnoy, pièce
69), il n'a pas pour but de régler les intérêts particuliers des ducs de
Bourbon et de Calabre et du comte d'Armagnac; il proclame l'amnistie et
l'oubli du passé, institue une commission de 36 notables pour faire les
réformes, restitue au comte de Dunois ses terres et rétablit dans ses biens
Antoine de Chabannes, comte de Dammartin.
6. Nous plaçons ici, conformément à l'ordre chronologique, le § relatif à
la rétrocession des villes de la Somme. Dans le ms. du Vatican il se trouve
après le § 179. Le P. Quesnel le met après le § 153, mais celui-ci ne peut être
séparé du § 154, comme le prouvent les premiers mots de ce dernier. Ces
différences dans l'ordre suivi par les deux copistes montrent que celui de

lequel, comme dit est cy devant, avoit soubstenue et faicte grant
armée contre le roy durant tout le devantdit temps d'esté en
l'an mil cccc lx cinq, ou mois d'octobre oudit an meut le roy à
lui delaisser et delivrer, et le roy dès icellui temps, pour plus grant
confusion eschever et pour bien de paix avoir, au moins pour
desassembler et derompre les devantdites arméez, delaissa et delivra audit conte de Charolois toutes les citéz, villes, fortresses,
terres, seignouries appartenans à la couronne de France de et sur
la rivière de Somme d'ung costé et d'autre[1], comme Sainct-Quen-
tin, Corbie, Amiens, Abbeville et aultres, ensemble toute la conté
de Ponthieu de çà et de là de ladite riviere de Somme, Dourlans,
Saint Riquier, Crevecœur, Aleues[2], Mortaingne, avec toutes les
appartenances et toutes aultres terres appartenans à ladite couronne depuis ladite riviere de Somme inclusivement en tirant du
costé d'Artois, de Flandres et Haynault, tant du royaulme comme
de l'Empire, en y comprenant, au regard des villes seans sur ladite
riviere de Somme du costé de la France, les banlieues et eschevi-
naigez d'icelles villes, pour en joyr par ledit conte de Charolois, etc., tant du demainne comme des aides, tailles et emolumens
quelzconques, sans en rien retenir de la part du roy[3] et lesquelles
citéz, villes, fortresses, terres, seignouriez, etc., le feu roy
Charles VIIe, pere du roy à present, affin de avoir paix avec ledit
duc de Bourgongne, pere dudit conte de Charolois, lequel alié
avec les Anglois en l'an mil cccc trente cinq et par avant long
temps avoit faicte et faisoit audit feu roy tres grosse et appre guerre,
ledit feu roy oudit an mil cccc xxxv, par certain traictié lors fait
à Arras bailla et transporta audit duc de Bourgongne lesdiz citéz,
villes, etc., dessusdites au rachat de cccc[m] escus d'or vielz de
soixante quatre au marc de Troies, et lequel rachat le roy à pre-

---

l'original n'était pas bien apparent, ce qui n'a rien d'étonnant, vu la façon
décousue dont il a été rédigé.

  1. « *Nota* ici les terres rachetées et rebaillées et les escrire en l'autre livre
comment elles furent rebaillées. » (Note du réviseur.)

  2. Ou mieux *Alleux*, aujourd'hui Arleux (Nord).

  3. La remise des villes de la Somme, de Montdidier et Roye et du comté
de Guines par les commissaires du roi aux commissaires du comte de Charolais eut lieu aux mois de novembre et de décembre 1465 (voir le procès-
verbal de cette opération dans Lenglet, pièce 79). L'auteur reproduit, sans
presque y rien changer, les termes mêmes du traité de Conflans (*Ibid.*, II,
502-503). Il oublie seulement, parmi les villes de la Somme, Montreuil et le
Crotoy.

sent avoit fait dudit duc, et pour ledit rachat le roy à presens en l'an mil cccc soixante trois et environ avoit et a paiée et delivrée audit duc de Bourgongne ladite somme de cccc^m escus d'or vielz, telz que ditz sont. Et neantmoins aux moiens cy dessusdiz, et oudit temps dudit mois d'octobre mil cccc soixante cinq, il a convenu que le roy à present ait rebailléez et retransportéez audit conte de Charolois, filz dudit duc de Bourgongne, lesdiz cités, villes, etc., et tout le païz de Picardie.

153. Le mecredi, xxxe jour dudit mois d'octobre oudit an mil iiii^c lx cinq, pource que le roy avoit à aler ou chastel et forteresse du Bois-de-Vinciennes, affin de parler à monseigneur de Berri, son frere, à monseigneur le duc de Bretaingne, aus contes de Charrolois et de Dunois et aultres seigneurs, lesquelz lui avoient esté fort contraires en ceste guerre, et que on se doubtast que les aucuns de eulz ne deussent ou vousissent faire ou pourchasser[1] estre fait aucune rigueur et desplaisir au roy en[2] sa personne, monseigneur maistre Henri de Livrez, natif de Paris et prevost des marchans à Paris, et messeigneurs les quatre eschevins de la ville de Paris, tant pour la garde du corps du roy que pour la garde de la ville de Paris, feirent secrettement et diliganment habillier et armer les archiers, arbalestriers, canonniers, coulevrainniers, bourgois, gens de mestiers et tous aultres, qui avoient acoustumé de eulz habillier et armer et suivir la guerre, et de fait furent tous armés et bien habilliés, et furent trouvés en nombre environ xxii mille hommes, fors et bien en point, tous prests pour salir et combatre aus champs, ce mestier en estoit, pour le roy. Cedit jour de mecredi, environ dix[3] heures devant midi, le roy parti de Paris, affin de aler audit lieu du Bois-de-Vinciennes, et de fait y ala, bien accompaigné de plusieurs nobles et gentilz hommez avec sa garde, jusques au nombre de environ deux cens fus de lance et trois cens archiers, et fut suivi et accompaigné de douze mille hommes desdiz hommes habilliés de Paris, des mieulx en point et des plus jeunes et fors. Le surplus demoura dedens Paris avec les bourgois et le menu peuple pour la garde des murs et de la ville de Paris. Et le roy ainsy accompaigné, en son simple estat et seulement ceuz de son ostel avec lui, entra dedens ledit chastel et

---

1. Ms. du Vatican : *prochasser*.
2. Ibid. : *à*.
3. Ms. de la Bibl. nat. : *neuf*.

forteresse du Bois-de-Vinciennez. Les nobles et hommez d'armes et les archiers de sa garde, en bel arroy, ce retrairent à Monltherel [1], à Charronne, à Baliolet [2] et à Nogent sur Marne et là ce teinrent jusquez au soir. Les dessusdiz xii mille hommes de Paris ce teinrent en belle ordonnance à l'environ des mur[s] dudit lieu du Bois-de-Vinciennes pareillement jusquez au soir. Les dessusdiz ducs de Berry, de Bretaingne, et lesdiz contes de Charrolois et de Dunois et les aultres seigneurs de leur parti, lors estens dedens ledit lieu du Bois-de-Vinciennes, furent bien esbahis quant ilz sceurent et veirent entour ledit lieu du Bois si belle compaignie et si grande garde, et doubterent que, ou contempt et en contrevenge de la guerre et des donmages que ilz avoient fais et faisoient au roy et à la ville de Paris et en tout le païs d'environ, le roy leur voussist faire aulcun desplaisir ou donmaige ; ce que il n'eust onquez propos de faire pour empeschier le bien de la paix si prochain, mais seulement il vouloit estre seur de son corps et de ses biens que lors il avoit avec lui. Ainsi demourerent toute jour le roy et lesdiz ducs et contes audit lieu du Bois et feirent bonne chere ensemble, dont tous ceulz de Paris furent joieux.

154. Cedit jour de mecredi, monseigneur le duc de Normandie, frere du roy et naguieres duc de Berri, en la presence desdiz ducs de Bretaingne, de Bourbon, de Calabre et de Nemours, et des contes de Charrolois, de Saint-Pol, d'Armignac, et de plusieurs aultres grans seigneurs, barons, chevaliers et gentilz hommez, ainsy comme environ l'eure de xi heures devant midi, feist et rendist l'ommage au roy que il lui devoibt pour ledit duché de Normandie, et lui en promit foy et faire service, toutes fois que il en requerroit, avec plusieurs aultres poins et liens esquelz ledit duc de Normandie ce lia et obliga envers le roy et la couronne de France ; et par telz poins et promesses le roy receut sondit frere à duc de Normandie [3]. Cedit jour de mecredi, environ xii heures de midi, devant l'ostel du roy à Paris et en plusieurs aultres lieus parmi Paris, par iiii heraulz et par deux trompettez et certains seigneurs de conseil et aultres et à haulte voix fut crié et publié que paix et bonne concorde avoit esté et estoit faicte entre le roy

----

1. Montreuil-sous-Bois (Seine).
2. Bagnolet (Seine).
3. Voir, dans Lenglet-Dufresnoy, pièce 70[4], des lettres de Louis XI notifiant à la Chambre des comptes l'acte de foi et d'hommage du duc de Normandie.

et les dessusdiz ducs et contes et tous leurs aliés, et estoient contens les ungs des aultres, et furent deffendues toutes pilleries et
voies de fait[1]. Le roy souppa audit lieu du Bois-de-Vinciennes
et se en revint couchier à Paris, ainsi comme environ dix heures
apres midi.

155. Le jeudi ensuivant, qui fut le derrenier jour dudit mois
d'octobre, veille de la feste de Toussains, à huit heures devant
midi, le roy ce departi de Paris et ala aux Carrieres soubz le pont
de Charenton, ouquel lieu passé avoit sep[t] sepmaines que ledit
conte de Charrolois et son armée avoient esté et estoient encor
logés. Et au devant et en l'encontre du roy vint ledit conte de
Charrolois en grant reverance, et à celle heure partirent ensemble
tres joieus, et se en alerent emsemble dudit lieu de Conflans[2] jusques à Villiers-le-Bel en la France, ou quel lieu ilz demourerent
ce jour et souperent ensemble et là coucherent. En celui jour de
jeudi, ainsi comme environ de trois à quatre heures apres midi,
messeigneurs les ducs de Bourbon, de Calabre et de Nemours, le
conte d'Armignac, le sire d'Alebreth et aultres de leur aliance,
nonobstant que ilz eussent esté contraires du roy et de la bonne
ville de Paris, touteffois il leur fut permis[3] de entrer, et, affin de
eulz rafreschir, entrerent dedens[4], où ilz attendirent le retour
du roy, lequel estoit à Villiers-le-Bel en la France avec ledit conte
de Charrolois. Et lesquelz ce teinrent et demourerent ensemble
oudit lieu ou environ toute celle nuit, le vendredi jour de la feste
de Toussains, le samedi ensuivant et le dimenche jusquez environ
midi, que le roy prist le chemin à soy en revenir et cedit jour
environ vespres revint et arriva à Paris. Et ledit conte de Charrolois et toute son armée et artillierie prist le chemin devers
Compiegne pour soy en aler en Flandres, aumoins à Brucelles,
où estoit le duc de Bourgongne, son pere ; monseigneur Charlez
dessusdit, frere du roy, duc de Normandie, le duc de Bretaingne,

---

1. C'est bien le mercredi 3o octobre que la paix fut publiée (Cf. la Chronique Scandaleuse). La pièce donnée par Lenglet-Dufresnoy, n° 68 *bis*,
pourrait faire croire que la proclamation de la paix avait eu lieu dès la
veille, mais, en lisant cette pièce avec attention, on s'aperçoit qu'elle ne
constate que la conclusion de la paix et l'ordre donné aux hérauts de la
publier.

2. Ms. de la Bibl. nat. : *partirent ensemble dud. lieu de Conflans et se en
allerent ensemble tres joyeulx jusques...*

3. Ms. du Vatic. : *promis*.

4. Ms. de la Bibl. nat. : *dedans Paris*.

le sire de Bueil, le sire de Loiac [1], ledit conte de Dunois et aultres de leur armée tous jours estans audit Saint-Mor-des-Fossés et à l'environ.

156. Le lundi ensuivant, qui fut le iiii[e] jour dudit mois de novembre et oudit an mil iiii[c] lx cinq, le roy assembla son grant conseil et plusieurs de ses conseiliers en sa court de Parlement en son ostel neuf pres de l'ostel des Tournelles à Paris, pareillement le mardi, mecredi, jeudi, vendredi et samedi ensuivant, durans lesquelz vi jours monseigneur le recteur et les deputés de l'Université de Paris, monseigneur le prevost des marchans ci devant nommé, et messeigneurs les eschevins et plusieurs des grans bourgois et marchans de Paris par plusieurs jours furent appelés et assisterent aud. conseil. Messeigneurs les ducs de Bourbon, de Calabre et de Nemours et le conte d'Armignac convenirent audit conseil par plusieurs fois. Quelles matieres furent lors traictiées ne quelles conclusions faictes, je ne le scay point, et, quant je le saroie, si ne les voulroie je point escripre, car conseil de roy ne doit point etre revelé [2].

157. Mondit seigneur de Normandie, le duc de Bretaingne et toute leur armée, durant ledit temps desdiz vi jours, ce departirent dudit lieu de Saint-Mor-des-Fossés et de environ, et tirerent à Pontoise pour aler en Normandie; et lesquelz, en eulz en retournant et alent, feirent plusieurs grans pillieries et degast de biens en toute la France. Pareillement feirent ceulz de l'armée dudit conte de Charrolois à Senlis et Conpiegne et ou païs de environ en eulz en retournant en Flandres en celui temps [3]. Autant firent de maulz et plus les gens de l'armée dudit conte d'Armignac es païs de Brie et de Champaigne, et es aultres païs du roy, en eulx en retournant en leurs païs. Par tellez choses et aultres ci devant dictez et escriptes, on puet de leger veoir, congnoistre et entendre que la ville de Paris et toute la France et tous les autres païs du roy, à la cause de la guerre meue et faicte par les dessusdiz princes malconseiliés contre le roy, ont souffers et portés plusieurs grans maulz et soustenuez maintes grans pertes et donmages irreparables, especialement dès le mois de fevrier mil iiii[c] lxiiii que lesdiz

---

1. André de Laval, seigneur de Lohéac, maréchal de France.

2. Cette phrase a été barrée.

3. Du Clercq, conseiller et partisan du duc de Bourgogne, assure au contraire que, d'après l'ordre du comte de Charolais, les Bourguignons payaient tout ce qu'ils prenaient dans les villes du roi (p. 83).

princes se meirent sus en armes contre le roy jusquez à present et seuffrent et portent encor[1].

158. Ce nonobstant et en especial la noble cité de Paris, tous les bons manens et habitans d'icelle et chascun en son estat sont grandement à estre loués et recommandés, primo pour la parfaicte constance que ilz ont eue à porter, endurer et soustenir [pour le roy] en pacience les menaces, injures, opprobres et villenies à eulz dictes et faictes par les dessus nommés princes maulconseilliés et ceulz de leur aliance contraires du roy et de la ville de Paris; II° pour justice bien gardée[2], car durant tout le temps homme qui eust commis cas tant fut criminel ne fut pugni ne excecuté, se son cas n'estoit congneu et par lui confessé; III° de loiaulté, car pour menaces ou laidures, ne pour blandices ou promesses que les dessusdiz princes et leurs aliés ou les aulcuns de eulz lors contraires au roy sceussent dire ou faire, lesdiz messeigneurs les prevost des marchans et eschevins, et les aultres bons bourgois et manens et habitans de la ville de Paris ne faignirent point que ilz ne feussent tousjours loiauls et constans et fermes en loiaulté et en l'amour du roy, à l'onneur et garde de son corps et de la ville de Paris. Et pour se monstrer en effect, dès environ la feste saint Jehan-Baptiste, que lesdiz contes de Charrolois et de Saint-Pol et leurs armées ce efforcerent de passer et de fait passerent la riviere d'Oise et entrerent en la France, ilz feirent reparer et fortiffier les fossés et murs de la ville de Paris, especialment où il faisoit besoing, et furent portés sur lesdiz murs grant quantité de vesseaulz à vin et emplis de terre, et lesdiz murs largement garnis de bonne artillierie, de serpentines[3], coulevrainnes, vuglaires, courtaulz, canons, arbalestres, dondainnes et aultres artillieries. Lors furent fais plusieurs boulovards gros et puissans à l'environ et sur les advenues de Paris, en especial à l'endroit et au devant de la porte Saint-Anthoine, à la tour de Billi, et en l'isle Nostre-Dame devant la tour Saint-Bernard.

159. En celui temps furent ordonnés et apointés les quarteniers, cinquanteniers et diziniers de la ville de Paris, et fut commandé que chascun fit diligence de aler et estre à la garde des portes et au

---

1. Addit. : M CCCC LXV, en novembre.

2. Ms. de la Bibl. nat. : *bien gardée durant tout ce dict temps.* La phrase s'arrête là.

3. Couleuvrine allongée de petit calibre (Penguilhy-L'Haridon, p. 860).

guet sur les murs, et tous hommes, tant bourgois comme menagiers et aultres, feussent garnis et armés de bon harnois de guerre et de bastons deffensifs[1] pour la garde et deffence de la ville; ce qui fut fait bien et grandement, et chascun ce y emploia de franc et loial couraige.

160. En celui temps vint et arriva dedens Paris monseigneur le mareschal de France, Jouachin Rouault, acconpaigné de quatre cens hommes d'armes, fus de lance bien en point, bien montés et bien habilliés et de grant courage, lesquelz furent receus à Paris à grant joie, et tous lesquelz feirent de grans devoirs à rebouter lesdits contes et leurs armées, et ce entretenoient dedens Paris bien et honnestement, sens faire desplaisir à aulcun, tant au moien de la bonne justice et pollice que ilz trouverent lors dedens Paris, comme de la grant loiaulté que ilz veoient que les bons bourgois et menagiers de la ville de Paris tenoient au roy, comme aussy de la grant puissance et du grant nombre de gens arméz et bien habilliés que ilz trouvoient dedens Paris, et de la grant et forte diligence que on faisoit jour et nuit de guet et garde parmi Paris. Et ne fait point ici à oublier que, dès ladite feste de Saint-Jehan Baptiste et depuis jusques au mois d'octobre ensuivant, tousjours veinrent et arriverent dedens Paris plusieurs grans conpaignies de gens d'armes pour le roy, lesquelz furent tous receus et logés parmi Paris et bien nourris et alimentés pour leurs argent. Et telles fois fut que, sens les bourgois et manens et habitans de Paris armés et habilliés, l'armée du roy dedens Paris estoit estimée à quarante six mille hommes de guerre, bons combatans.

161. Et item, que dès le temps que il pleust au roy de avoir données treuves à mondit seigneur de Berri, à present duc de Normandie, frere du roy et aus aultres seigneurs du sang et à leurs arméz, qui fut le IIIIe jour du mois de septembre, comme ci devant est escript[2], les bourgois et marchans de Paris et le[s] managiers et gens de mestier, du gré et du sceu du roy et de messeigneurs de son conseil, ilz baillierent et delivrerent ausdiz seigneurs du sang et à leurs arméz pain, vins, volaliez, chairs et tous aultres vivres, et avec ce drapperie, lingez, frepperie, gispons, chausses, soulers, houseaulx, esperons, et mesmez harnois de guerre et toutes aultres denrées, tant comme ilz en vouloient

---

1. Bâtons à feu.
2. Voyez § 117.

avoir pour leur argent, et tous les jours dès lors desdictez treuves jusquez au derrenier jour du mois d'octobre ensuivant inclus, dont et desquelz vivres et aultres denrées lesdiz seigneurs du sang et tous ceulz de leurs armées avoient eus et avoient si grant besoing et necessité, que ilz ne en povoient plus endurer sens mort ou sens eulz en fouir. Mais mondit seigneur le conte du Mainne, oncle du roy et de mondit seigneur de Normandie, leur conseilla demander et leur pourchassa à avoir lesdictez treuves, lesquelles leur feurent à grant secours. Et neantmoins ladite delivrance faicte de vins et aultres denrées ausdiz seigneurs du sang et à leurs armées, comme dit est, monseigneur le prevost des marchans et les eschevins de Paris teinrent si bonne ordre et si bonne police parmi Paris que onques vivres ne aultres denrées ne en furent encheris ne restrains à Paris, esquelles choses et en chascune d'icelles il appert clerement des grans sens, prudence, bone police, loiaulté et constance tant des gens d'eglise comme des bourgois, marchans, mesnagiers et gens de mestier de la bonne ville de Paris et du grant honneur et de la grant amour que ilz ont portés au roy leur souverain seigneur, au quel, quant il lui a pleust que ilz aient faicte resistance ausdiz seigneurs du sang et leurs armées, lors à lui et à la ville de Paris contraires, ilz l'ont faicte de grant et de bon courage, et, quant il a pleu au roy que ilz ce soient habandonnés et leurs biens ausdiz seigneurs du sanc, ilz et leurs biens leur ont esté habandonnéz en grant largesse. Dont et pour quoy lesdiz seigneurs et tous ceulz de leurs aliance ce rendoient confus et esbahis, et ce esmerveillioient de avoir trouvéz et que ilz trouvoient tant de biens en une ville en la quelle ilz trouvoient et veoient à leur œul[1] noblesce au roy acconpaigné de justice et liberalité, sapience et discrecion es gens du conseil du roy et en tout le roy[2], bonne police conduite par prudence, force et haultesce de courages accompaignés de constance et de pacience, loiaulté, amour et union entre tous les citoiens et habitans de la bonne cité et ville de Paris, habundance de tous vivres et de tous aultres biens en grant largesse, tant biens fortunes comme biens moraulz. Pour quoy lesdiz seigneurs du sanc et ceulz de leur aliance ce en aloient et ce en alerent de devant Paris et ce en retournerent en leur païs, batens leurs coulpes et eulz repentans de la malcon-

---

1. Ms. de la Bibl. nat. : *voyoient clerement.*
2. *Et en tout le roy* manque dans le même ms.

seiliée entreprise faicte par eulz et leurs aliés contre le roy et ses païs, nonobstant que, comme dit est, les gens des armées et les gens des artillieries desdiz seigneurs du sang, en eulz en alant et retournant en leurs païs, feirent plusieurs grans maulz es païs de France, de Picardie, de Brie et de Champaingne et des aultrez païs du roy. Neantmoins ilz se en alerent à leur grant honte et la ville de Paris en demeure en son honneur.

162. Le jeudi, vii° jour dudit mois de novembre oudit an iiii^c lx cinq, qui fut l'ung desdiz vi jours que le roy teint son grant conseil en son ostel à Paris, messire Robert d'Estouteville, chevalier, baron d'Ivri, seigneur de Beine, lequel le roy, ou temps de son entrée à Paris après son sacre, il avoit desapointé et desmis de la prevosté de Paris, cedit jour de jeudi par le roy fut remis et reinstitué en ladite prevosté à plus grans gages et proffis que il ne avoit onques esté.

163. Messire Guillaume des Ursins, chevalier, seigneur de Traingnel en Champaigne, lequel par longtemps du vivant du feu roy Charles VIIe, pere du roy à present, avoit esté chancelier de France et l'estoit ou temps du trespassement dudit feu roy, ou temps du sacre du roy, fut desapointé dudit estat et office de chancelier de France, et en son lieu fut institué maistre Pierre de Morvillier, conselier en Parlement, lequel le samedi ensuivant ledit derrenier jeudi et durant ledit conseil, fut destitué et desapointé dudit estat de chancelier, et ce jour fut remis et reinstitué ledit monseigneur de Trainnel, chancelier de France. Maistre Jehan Dauvet, licencié en lois, le quel le roy ou temps de son sacre avoit desapointé de l'estat de procureur general en Parlement, fut fait et institué premier president oudit Parlement du roy à Paris ledit jour de samedi [1], et plusieurs aultres nobles hommes et gens de grant sens et de grant prudence, lesquelz le roy ou premier an de son regne avoit desmis et desapointés de leurs estas et offices, par lui durans lesdiz vi jours de conseil furent remis et restablis en leurs estas et offices, ou en aultres pareulz ou gregnieurs, à leur grant honneur et à la joie de plusieurs gens de bien du royaume, pour ce que le roy durant tout le temps de ces presentes guerres les trouva gens de grant service, de grant et bon conseil et gens de grant loiaulté.

---

1. D'après Blanchard (*Éloges des premiers présidents*, p. 40), il fut installé le 18 novembre.

164. Le dimanche ensuivant, qui fut le dimenche dixieme jour dudit mois de novembre oudit an mil iiii^c lx cinq, le roy en personne, accompaigné de monseigneur le duc de Bourbon, son frère [1] affin, de monseigneur le duc de Nemours, du conte d'Armignac, et de plusieurs aultres nobles mesmes qui lui avoient esté contraires en ceste guerre, et de aultres barons chevaliers et escuiers, lesquelz tous jours l'avoient servi en armes loiaulment, ala en l'eglise Nostre-Dame de Paris en grant reverance et devocion, en laquelle eglise il ouit deux grans messes et trois basses, affin de Dieu remercier de la roupture que il avoit faicte des armées desdiz seigneurs du sang, sens grant effusion de sang humain, especialement du royaulme de France. Et de là ce en revint disner en son ostel, ou quel il ce teint toute jour.

165. Le lundi et mardi ensuivant le roy ce teint en ceste ville et feist grant chere avec les nobles qui l'avoient servi et avec les grans bourgois de Paris, ausquelz, pour la loiaulté et grant secours que il avoit trouvés en Paris, il conferma les libertés et franchises des imposicions que il avoit données à Paris durant le temps de ceste guerre, ausquelz il promit les entretenir et tout Paris et les faulxbours esdites franchizes, tant comme il vivroit.

166. Le mecredi ensuivant, qui fut le xiiie jour dudit mois de novembre oudit an, le roy ce departi de Paris en grant noblesce et tira à Meleun où il fut ii ou iii jours, et de là tira à Orleans, affin de aler, comme de fait il ala, en une devote et sainte chapelle de Nostre-Dame dicte Nostre-Dame de Cleri, ou quel lieu il c'estoit voué et avoit promis aler comme pelerin et en devocion le jour de la rencontre à Montleheri. Mondit seigneur de Bourbon fut tousjours avec le roy en ce pelerinage.

167. Le lundi xxve jour [2] dudit mois de novembre, jour de la feste madame sainte Katherine oudit an mil iiii^c lx cinq, le roy estant oudit lieu de Nostre-Dame de Cleri, ou diocese d'Orleans, il receut lettres que lui envoioit monseigneur Charles de France, son frere, au moien ci-dessusdit à present [3] duc de Normandie, lesquelles receues par le roy et par lui leues il les bailia à lire à monseigneur le duc de Bourbon en disant telz mos ou semblables : « Je croy que il me faulra reprenre ma duché de Normandie. Il me fault aler secourir mon frere. »

---

1. *Son frère* a été omis par Quesnel.
2. *Jour* manque dans le ms. du Vatican.
3. *A present* manque dans le ms. de la Bibl. nat.

168. Environ le iiiie jour du mois de decembre ensuivant, furent aportées nouvelles à Paris et furent trouvées vraies que le roy estoit entré en Normandie et que les bonnes villes et forteresces du païs, aumoins les bourgois et demourans en icelles, faisoient ouverture au roy ou à ses deputés, chefs de guerre ou aultres, et leur baillioient entrée dedens à leur plaisir, exceptées la cité de Rouhen, la ville de Louviers et le Pont-de-l'Arche, lesquelles cité, ville et pont, en la faveur dudit duc ou ausmoins du conte de Harecourt et aultres dudit païs de Normandie, refucerent, aumoins delaierent de bailier entrée au roy et à ses gens, pour quoy le roy ce teint en armes à l'environ desdiz lieus de Louviers et du Pont-de-l'Arche.

169. Le samedi, iiiie jour du mois de janvier oudit an mil iiii^c lx cinq, furent apportées nouvelles à Paris et furent trouvées vraies que le roy en personne, monseigneur le duc de Bretaingne, les contes de Dunois et de Dampmartin en grant armée, le mecredi precedent premier jour dudit mois de janvier, estoient entrés ensemble dedens la ville de Louviers [1], et avoit fait le roy passer toute son armée pour aler et de fait alerent devers le Pont-de-l'Arche. Laquelle chose venue à la cognoissance dudit conte de Harecourt et des aultres seigneurs, tant gens d'eglise comme nobles dudit païs de Normandie, lors estans dedens Rouhen et gouvernans ledit duc de Normandie, ilz envoierent une compaignie de gens d'armes au devant de l'armée du roy, et entre Rouhen et Saint-Ouin reencontrerent Salezar [2] et Malortie [3], cappitaines, chefs de guerre pour le roy, de la compaignie desquelz en ladite rencontre [4] ilz occirent lx hommes d'armes ou plus. Et de là ce bouterent et entrerent dedens ledit Pont-de-l'Arche, dont incontinant ilz rassa-

---

1. Voir la capitulation accordée le 1er janvier 1466 (n. s.) aux habitants de Louviers par le duc de Bourbon, lieutenant-général du roi en Normandie, et ratifiée par le roi le 21 janvier (Lenglet-Dufresnoy, t. II, pièce 83).

2. Jean de Salazar, d'origine espagnole, chevalier, chambellan du roi, capitaine de cent lances d'ordonnance, seigneur de Montagne, Saint-Just, Marcilly, Lar, Lonzac et Issoudun, mort à Troyes le 12 novembre 1479 (Commines, édit. de Mlle Dupont, t. I, p. 59).

3. Robert de Malortie, comte de Conches et de la Baulme, seigneur de la Tour-du-Pin. Le 16 mai 1468, il donna quittance au trésorier-général du Dauphiné d'une somme de 477 liv. tourn. que le roi lui avait assignée sur les aides accordées par les États de la province (Bibl. nat., Quittances, Fr. 26,091, pièce 705).

4. *En la dite rencontre* manque dans la copie de Quesnel.

lierent sur l'ost du roy, et en ladite salie ilz occirent environ quatre cens francs archiers de l'ost du roy, le roy estant à Louviers, puis ce retrairent dedens le Pont-de-l'Arche et le tiennent fort contre le roy.

170. Le mardi, viie jour dudit mois de janvier[1], il fut crié parmi Paris que tous marchans, qui avoient acoustumé de mener vivres ou aultres denrées et marchandizes de hors, en toute diligence et en grant quantité menassent des vivres en l'ost du roy devant ledit Pont-de-l'Arche où le roy tenoit le siege, ce qui fut faict volontiers et de bon cueur[2].

171. Le jeudi ensuivant, qui fut le neufviesme jour dudit mois de janvier, au moien d'ung homme d'armes nommé le Petit Baili, lequel avec Loys Sorbier ci devant dit, sens le sceu du roy ne de son conseil, avoit delivrée et baliée comme par traïson la ville et chastel de Pontaise aus Bretons, ledit Pont-de-l'Arche, aumoins la ville, cedit jour de jeudi fut rendue et livrée au roy[3]. Et ce fait, tout de ce jour, le roy feist bailier grant et fort assault au chastel et forteresce dudit pont et le obteint et gangnia[4], pour la garde du quel le roy y lessa grosse garnison. Et ce fait, le roy, à toute son armée et son artillierie, tira devant la cité et ville de Rouhen, où il y eust faictes plusieurs grans salies et esquarmouches, esquelles ceulz de Rouhen perdirent beaulcoup de leurs gens, pour ce que n'estoient pas gens de guerre qui ce sceussent esquarmourcher ne garder comme faisoient les gens d'armes du roy.

172. Le mardi, xiiiie jour dudit mois de janvier, ledit conte de Harecourt, nommé Jehan de Lorrainne, filx de feu le conte de Vauldesmons et de dame [Marie[5]], contesse de Harecourt, avec plusieurs gens d'eglise et des plus grans bourgois de Rouhen, feirent supplier au roy que, affin de parlementer seurement avec lui pour avoir paix, il lui pleust de leur donner treuves et abstinance de guerre, ce que le roy leur accorda jusques au samedi ensuivant soleil couchant et non oultre, lesquelles treuves publiées à Rouhen, une aultre partie des bourgois et marchans et des gens

---

1. La Chronique Scandaleuse dit le lundi 6.

2. Ce dernier membre de phrase est une addition de Maupoint, qui n'a pas passé dans le ms. de Rome.

3. La Chronique Scandaleuse dit que la ville fut prise le mercredi 8.

4. Le château ne se rendit que trois jours après (Chron. Scandaleuse).

5. Ce nom est resté en blanc dans les deux mss.

de mestier de Rouhen ce esleverent contre ledit Jehan de Lorrainne, conte de Harecourt, et contre messire [Louis [1]] de Harecourt, patriarche de Jherusalem, evesque de Baieux, le sire de Chaulmont-sur-Loire, Jehan de Amboize, son filx, Jehan [de] Dalion, escuier et plusieurs aultres de leur bande, et lesquelz bourgois et gens de mestier contraingnirent les dessusdiz à eulz departir de toute[s] les fortes places, comme du chastel du Palaix et de la tour du pont de ladite cité de Rouhen. Et mesmement la devant dite veufve de feu messire Pierre de Bresé, mort en la rencontre de Montleheri, fut gestée hors dudit chastel, et pour la cause ci devant escripte elle fut detenue et gardée pour estre baliée et livrée au roy, pource que elle estoit moien de la traïson faicte à Rouhen contre le roy. Les dessusdiz Jehan de Lorrainne et ceulz de sa bande se en fuirent par ledit chastel et dehors, où on ne scet.

173. Apres lesquelles choses ainsy faictes à Rouhen, lesdiz bourgois et gens de mestier de Rouhen envoierent devers le roy ung ambaxade de seigneurs d'eglise et de bourgois en grant nombre, lesquelz entre aultres choses especialment deirent au roy, lors estant au Pont-de-l'Arche : « Sire, plaise vous de venir ou envoier en vostre bonne ville de Rouhen, car la ville et toutes les forterescez sont ouvertes à vostre commandement et pour en faire à vostre bon plaisir. » Et ce dit, ilz lui balierent les clefs et de la ville et des forteresces. Adont le roy receut lesdiz bourgois et gens de mestier en clemence, et leur accorda et feist balier lettres de abolicion pour eulz et pour tous les habitans et manens de Rouhen, et envoia le roy dedens la ville de Rouhen plusieurs nobles seigneurs acconpaignés de gens d'armes et de trait, lesquelz pour l'onneur du roy furent doulcement receus à Rouhen et mis dedens le chastel et les aultres fortes places de Rouhen, le jeudi xvi[e] jour dudit mois de janvier oudit an iiii[c] lx cinq.

174. Lesquelles choses faictes et parfaictes, et les gens d'eglise, bourgois et aultres de Rouhen bien accordés et apointés avec le roy, le roy ce departit du Pont-de-l'Arche et, sens aler ne passer parmi Rouhen, il tira et ala au Ponteaul-de-Mer, ou quel lieu estoient monseigneur le duc de Bretaingne et monseigneur le duc de Bourbon, qui là attendoient le roy pour ordonner et appointer

---

1. Le prénom est en blanc dans les deux mss. Au mois de juillet 1466, Louis d'Harcourt obtint des lettres d'abolition de Louis XI (Lenglet-Dufresnoy, pièce 89).

des estats et offices et du gouvernement du païs de Normandie. Adont le roy feist mener et conduire monseigneur Charles de France, son frere, ou chastel et ville de Honnefleu, près dudit lieu du Ponteaul-de-Mer, pour parler à lui et pourveoir à son estat. Et ainsy, par ce que dit est, especialement depuis le xxve jour du mois de novembre precedent, on peult de leger comprendre et entendre que le roy a presentement reprise et recouvrée sa duché de Normandie. Fait le samedi, xviiie jour dudit mois de janvier oudit an mil cccc soixante cinq.

175. Et tout ce que dit est fait et parfait oudit païs de Normandie, le roy se retira en la cité de Chartrez, où il ne fut gueres, mais tira droit à Orleans et ou païz de Orleannois, tant à Baugency comme à Meun-sur-Loire et es marchez de environ, esquelz lieux le roy demoura et se y tint jusquez environ la feste sainct Barnabé apostre, xie jour du mois de juing mil cccc lxvi, ouquel temps il vint à Montargis. Pendant et durant tout lequel temps, pluseurs grans et notables ambassades furent fais, tant de la part du roy devers monseigneur Charles de France, lors estant et soy tenant[1] en Bretaigne avecques monseigneur le duc, comme de la part dudict monseigneur Charles de France, frere du roy, et de la part dudict duc de Bretaingne devers le roy, tant aussi de la part du roy envers monseigneur le duc de Bourgonne et le conte de Charolois, son filz, comme de la part dudit duc de Bourgongne devers le roy, tous lesquelz ambassades estoient fais et tendoient à une fin, c'est assavoir de entretenir lesdiz seigneurs et princes en vraie concorde et bonne union et tous les suppos du royaulme en paix et tranquilité.

176. Le sire de Montauban, breton, admiral de France, ce temps pendant morut à Tours, malade de fievres.

177. En ce mesmes temps le seigneur du Laux, chevalier, seneschal de Gascongne et de Guienne, pour aulcuns cas dont il fut accusé devers le roy, fut fait prisonnier et desapoincté de tous estas royaulz[2]. Messire Charles de Meleun, par plusieurs fois nommé cy devant, fut eslong[n]é de la court et privé de tous estas royaulz et de charge de gens d'armes, excepté de l'estat de grant maistre

---

1. *Soy tenant* n'est pas dans la copie de Quesnel.

2. Il recouvra la faveur royale, car il était en 1473 commissaire du roi auprès des États de Languedoc réunis à Montpellier (Bibl. nat., Quittances, 26,089, pièce 173).

d'ostel du roy [1] qui lui demoura, et si lui demoura la ville de Meleun que le roy lui avoit donnée. Plusieurs aultres que le roy ou temps de son sacre avoit apoinctéz et instituéz en haults estas royaulz furent desapoinctés et destituéz de leurs estas. Monseigneur le duc de Bourbon, monseigneur le duc de Bretaigne [2], monseigneur le duc de Calabre, messeigneurs les contes de Dunois et de Dampmartin, eurent et avoient du roy chascun en droit soy grandes et prouffitables penssions d'argent, qui montoient par chascun an à la somme de ccc[m] francs et mieulz [3]. Monseigneur le bastard de Bourbon [4] en celluy temps fut institué par le roy admiral de France à grant penssion d'argent par chascun an, dont pluseurs murmuroyent [pour l'amour du povre peuple qui estoit fort grevé.]

178. En ce temps fut envoyée par le roy grant ambassade à Calais par devers les depputéz du roy Edouard, roy d'Angleterre, duquel ambassade les chefs pour le roy estoient monseigneur l'evesque et duc de Lengres, monseigneur le conte de Sainct-Pol, connestable de France, mondict seigneur le bastard de Bourbon, admiral de France, maistre Jehan de Poupaincourt, licencié en loix et en droit, seigneur de Sarcellez, advocat en Parlement, lesquelz besongnerent grandement à l'onneur du roy avecques les depputéz dudit roy d'Angleterre [5] et conclurent à trevez pour les deux royaulmes, aumoins jusques à xxii mois, durans lesquelz ilz et ung chascun de eulz laboureroit plus avant au bien de paix final.

179. En cellui temps ledit maistre Jehan de Poupaincourt par le roy fut institué et fait grant president de la Chambre des comptes ou lieu de messire Jehan de Pressigny, chevalier, qui lors fut destitué dudit estat.

180. Le seigneur de Blot, chevalier limosin [6], environ ladite

---

1. La Chronique Scandaleuse dit au contraire que le roi lui enleva la charge de grand-maître pour la donner au sire de Craon.

2. Le duc de Bretagne n'est pas nommé dans la copie de Quesnel.

3. Le P. Quesnel place ici les § 180, 181, 182.

4. Dans la copie de Quesnel la phrase relative à la nomination du bâtard de Bourbon commence ainsi : « *En cette année 1467 mons. le bastard de Bourbon...,* » et s'arrête aux mots : « *par chacun an.* » C'est en 1466 que Louis de Bourbon fut nommé amiral (Anselme, *Hist. généal.*, t. VII, p. 857).

5. Ms. de la Bibl. nat. : *roy Edouard.*

6. La Chronique Scandaleuse lui donne le titre de sénéchal d'Auvergne.

feste de sainct Barnabé, apostre, xi⁰ jour dudit mois de juing, oudit an mil cccc soixante six, fut institué et mis en possession cappitaine de la bastide Sainct-Anthoine à Paris ou lieu dudit seigneur de la Borde, pere du devantdit messire Charles de Meleun.

181. Le vendredi, xiiii⁰ jour dudit mois de juing oudit an mil iiii⁰ LXVI, fut assize une plate pierre de taille sur la douve d'ung fossé qui vient de l'ostel et monastere aux dames de l'eglise monseigneur Sainct-Anthoinne-des-Champs et tire en la riviere de Seine, par le travers duquel fossé est une planchette par laquelle on passe pour aler de Paris à Sainct-Mor par derriere ledit hostel et monastere de Sainct-Anthoinne-des-Champs. Et laquelle platte pierre fut assize asséz près de ladite planchette, et en laquelle platte pierre estoit engravé et tres bien escript en grosse lettre ce qui s'ensuit : « L'an mil cccc soixante cinq ou mois de septembre, fut cy tenu le lendit des traïsons [1] et fut par une treve que on print. Mauldit soit il qui en fut cause ! » Qui planta ladite pierre on ne scet, le roy lors estant à Orleans comme on disoit et environ Chartres.

182. En l'an mil cccc soixante six ou mois d'aoust, Philippe, duc de Bourgongne et de Brebant, conte de Flandres et d'Artois, etc., et le cy devant dit Charles, conte de Charolois, son seul filz legitime, accompaigné de grant foison [de] gens d'armes et de traict, assiegerent la ville de Dinant [2] ou paiz de Liege [3], ou contempt et despit et pour ce que les habitans de ladicte ville de Dinant disoient par tout que ledit comte de Carolois, seul fils dudit Philippe duc de Bourgongne et de noble dame Catherine [4] de Portingal, fille du roy de Portingal, estoit fils de messire Jean de Hirezeberd [5], prestre, evesque de Liege, et non

---

1. C'est-à-dire la foire aux trahisons. On a vu qu'au mois de septembre 1465 le bruit d'une trahison courut à Paris et fit prendre certaines précautions. Nul doute que les alliés n'eussent dans la ville des intelligences.

2. C'est le 25 août que Dinant se rendit. Du Clercq, chap. 61.

3. « Ou paiz de Liege » ne se trouve que dans le ms. de Rome qui, au lieu des détails ajoutés par Maupoint, dit seulement : « Laquelle ou mois de septembre ensuivant, tant par tradicions comme par assault, fut prinse, pillée, arse et demolie du tout en tout etc. et rendue inhabitable, le roy lors estant à Emboize-sur-Loire, comme on disoit. »

4. Lisez : *Isabelle.*

5. Le vrai nom de ce prélat qui occupa le siége épiscopal de Liége de 1419 à 1455 est Jean de Hinsberg (*Gallia christiana*, t. III, col. 902).

point dudit Philippe, duc de Bourgongne, et laquelle ville ou mois de septembre ensuivant, tant par tradition comme par assault, fut prinse et pillée. Les esglises et monasteres furent derompus et abbatus, les sanctuaires custodes du corps Nostre Seigneur Jesus Christ, reliques, reliquaires, calices, croix, vestements, adornemens et paremens, les livres à Dieu servir et d'estudes ravis, prins, traittiéz sans reverance et transportiéz hors des lieux et du païs, les cartes et lettres des esglises arses et brulléz, les gens d'esglise reguliers et seculiers trucidéz et tuéz, dames relligieuses efforcées et meurdries, puis fut ladicte ville de Dinant arse et demolie et du tout en tout mise jus et faicte inhabitable, et tout ce fut faict du commandement dudit Phelippe, duc de Bourgongne et sondit fils comte de Carolois.

183. Ou mois de may mil cccc soixante sept, par le mandement et commandement du roy nostre sire, duquel furent porteurs et executeurs monseigneur maistre Jehan de Balue, evesque de Evreux et prieur commendatoire de l'eglise et prioré de Sainct Eloy à Paris, et messire Robert d'Estouteville, baron d'Ivry, etc., et prevost de Paris, fut mandé et commandé, tant aux gens de l'eglise comme à messeigneurs les conseilliers du roy en sa court de Parlement et des comptes et à tous les aultres officiers du roy nostre sire demourans dedens Paris et aux prevost des marchans, les eschevins, bourgois, marchans et gens de mestier, manans et habitans et tenans feu et leu à Paris, que dedens deux mois lors ensuivans eulz tous et ung chascun fussent bien et honnestement arméz et habilliéz de tout hernois de guerre pour faire service au roy et pour la garde de la ville de Paris.

184. Le cy devant par plusieurs fois nommé Phlippe, duc de Bourgongne et de Brebant, conte de Flandres et de Artois, malade de esquilencie et de plusieurs aultres griefves maladiez, trespassa et morut en la ville de Brucelles[1], comme on dit, le xve jour du mois de juing en l'an mil iiiic soixante sept.

185. Le xxiiiie[2] jour du mois de septembre, en l'an mil ccccLXVII, le roy et la royne, fille du feu duc de Savoie, estans à Paris, messeigneurs les gens d'eglise, de Parlement, des comptes, de Chastellet, les prevosts des marchans, eschevins, bourgois et gens de mestier, manans et habitans de la ville de Paris, chascun estat aiant baniere

---

1. Non à Bruxelles, mais à Bruges.
2. Quesnel a lu *quatorzième*.

à lui assenant[1] et appartenant, et pour cappitaine son[2] principal
et soubz principal, souffisamant habilliéz et bien arméz et bien en
point comme gens de guerre tant à cheval comme à pié jusques
au nombre de xxviii à xxx mille testes arméez, se monstrerent et
feirent leurs premieres monstres entre la porte Sainct-Antoine et
la ville de Conflans soubz le pont de Charenton, es presences du
roy, de la royne, de monseigneur le duc de Bourbon et de madame
sa femme sœur du roy, et presens plusieurs aultres seigneurs chevaliers et escuyers et dames et damoiselles en grand nombre, et
presens aussi plusieurs capitaines et gens de guerre, lesquels tous
et un chacun de eux furent tres contens et tres joyeulx de voir et
avoir veu si grand nombre de peuple si fort et si bien habillé estre
parti et partir de une seule des villes du roy. Et ne convient point
icy pretermetre que ledit maistre Jean Balue, evesque de Evreux,
sans reverence de l'habit episcopal, fut present esdictes monstres
dont plusieurs estoient très mal edifiéz de luy et disoient que il
usurpoit et entreprenoit l'execution de l'office et sur l'estat des
mareschaux de France[3].

186. En ce temps[4] Loys[5], duc de Alenson et conte du Perche, etc., lequel avoit levé sur fons et estoit parrin du roy à present
Loys X, et lequel le roy ou premier an de son sacre avoit delivré et fait delivrer de prison en laquelle, par le feu roy, ledit duc
estoit detenu convaincu de crime de laise-majesté et de traïson et
par les pers de France et Parlement[6] à Vendosme condampné à
mourir, [et l'avoit restitué et remys en ses terres et seigneuries,
dont par procès fait par ledit feu roy Charles et par les pers, comme

---

1. Quesnel n'a pu lire ce mot.

2. *Son* est omis dans la copie moderne.

3. Ce qu'on vient de lire est la rédaction de Maupoint telle que nous l'a
conservée la copie de Quesnel. La fin du § est abrégée comme il suit dans
le ms. de Rome : « ... Leurs premieres montres es presences du roy, du cy
devantdit maistre Jehan de Balue, evesque d'Evreux et de present, comme
on dit, cardinal et evesque d'Angers, presens aussi plusieurs grans seigneurs
et plusieurs cappitaines de guerre, entre la porte Sainct-Anthoine et
Confflans soubz le pont de Charenton, etc. »

4. *En ce temps* manque dans le ms. de la Bibl. nat.

5. Lisez : *Jean.*

6. Ici s'arrête, à vrai dire, la copie de Quesnel. A l'époque où il la rédi-
geait, les derniers feuillets de l'original avaient été arrachés et il n'a pu en
recueillir que deux fragments, dont l'un se rapporte à l'année 1472, l'autre
à l'année 1476. On les trouvera en note à la fin de notre édition.

dit est, avoit esté en Parlement privé et debouté et avoient esté
declairées confisquées et appartenir à la couronne de France pour
la trahison dicte faicte au roy son souverain seigneur Charles
dessusdit, mes] ce nonobstant ledit Loys, duc de Alenson, oudit
an mil iiiic lxvii, sans ce que le roy son filiol lui eust pourchassé
ne fait dommaige ne desplaisir, habandonna au duc de Bretaigne
toutes ses placez dudit duché de Alencon et du Perche, et se en
ala et se retrait pardevers ledit duc de Bretaigne, duquel le roy
estoit mal content, pour ce que il detenoit en Bretaigne monseigneur Charles, frere du roy, et se efforcoit de fait de conquester
la duché de Normandie sur le roy et contre lui, au prouffit dudit
monseigneur Charles, frere du roy, et soubz sa querelle et son
adveu.

187. Ou mois d'octobre oudit an mil iiiic lxvii, Charles, nagueres
conte de Charolois et à present duc de Bourgonne et de Brebant,
conte de Flandres et d'Artois, par le decès de Philippe, son feu
pere oudit mois d'octobre et oudit an, en grand puissance d'armes
et de artillerie, entra ou païz de Liege et y fist plusieurs degasts
et assiega la cité de Liege, contre laquelle et en laquelle il feist et
feist faire plusieurs grans griefz et plusieurs grans maulz, tant de
artillerie comme de escarmouches, et environ la feste sainct Martin
d'iver oudit an [1], tant par tradicion comme par force, par lui et
ses gens ladite cité de Liege fut prinse et pillée et subjuguée du
tout à sa voulenté, mais non pas demolie, fors seulement que il
feist abatre et demolir du tout en tout toutes les portes de ladite
cité, et de chascun costé de chascune porte abatue il feist abatre de
quatre à cinq toises des murs faisant closture, et à l'endroit desdiz
portes et murs abatus, il feist remplir et mettre à plain tous les
fosséz, et obtint et applicqua tous demainnes et prouffis temporelz
de ladite cité et du païz de Liege à son propre prouffit et à son
demainne, et se feist clamer seigneur de Liege.

188. Le seigneur du Lau, grant seneschal de Poictou et familier du roy, ou mois de may ou environ oudit an mil iiiic lxvii,
qui du commandement du roy avoit esté fait prisonnier et detenu
à Loches en Berry, pour ce que il estoit accusé et chargé de crime
de lese majesté et de traïson et de avoir favorisé au duc de Bourgongne et à ses aliéz contre le roy et la ville de Paris, se eschappa

---

1. Le duc de Bourgogne fit son entrée à Liége le mardi 17 novembre
(Voyez la petite Chronique publiée par Lenglet-Dufresnoy, t. II, p. 190).

dudit chateau de Loches et se enfuit devers le duc de Bourgongne, au moins en ses païz, ou mois de juing mil IIII^c LXVIII, pour quoy le lieutenant du cappitaine dudit chasteau de Lochez, ou mois de juillet ensuivant et oudit an, fut decolé à Meaulx et plusieurs aultres penduz ou noyéz, le roy lors estant à Meaulx.

189. il est ycy assavoir que ledit seigneur du Lau, le seigneur de Griselieres, Poncet de Riviere[1] et plusieurs aultres cappitaines et gens de guerre, laisserent le roy et se retrairent pardevers ledit duc de Bourgongne et en ses païz ; dont le roy fut très mal content.

190. Oudit mois d'avril mil IIII^c LXVIII, le roy feist crier par toutes les bonnes villes et citéz de ce royaulme que tous nobles et aultres qui avoient acoustumé de porter armures et suivre les arméez du roy, feussent prests et montéz et habilliéz au premier jour du mois de juing ensuivant. Et pareillement fut fait commandement à chascune parroisse que tous les francs archiers feussent arméz et habilliéz et prestz à cedit premier jour de juing, tous et nobles et francs archiers, sur paine de la hart et de confiscacion de corps et de biens.

191. Ou mois de may oudit an IIII^c LXVIII, par le commandement du roy, monseigneur le conte de Pointievre et monseigneur l'admiral de France, bastard de Bourbon, et plusieurs grans seigneurs et cappitaines et gens de guerre, aians en leurs compaigniez grant nombre de francs archiers, entrerent ou païs de Bretaigne pardevers Thourainne et Angiers. Et aultres seigneurs et cappitaines, gens de guerre et francs archiers tous ensemble jusques au nombre de XIIII à XV mille, entrerent oudit païz de Bretaingne devers la Normandie, ouquel ilz feirent mains effors et gaignerent par force d'armes plusieurs chasteaulz, fortresses et bonne[s] villez et grant partie dudit païz de Bretaigne jusques à Nantes ; pour quoy les barons, seigneurs et communaultéz de Bretaingne, esmeus contre le duc, lui feirent prendre traictié au roy, ce que il feist. Et fut le traictié conclud et accordé entre le roy et ledit duc de Bretaigne ou mois de septembré oudit an IIII^c LXVIII[2], le roy lors estant à Compiegne ou à Noion et environ. La cause de ceste guerre est

---

1. Il avait été bailli de Montferrand et d'Usson (Quittances, ms. fr. 26089, pièce 393). Voir les lettres d'abolition accordées par Louis XI à ce personnage et à Pierre d'Urfé dans les Preuves de l'édition de Commines donnée par Mlle Dupont.

2. C'est le traité d'Ancenis conclu le 10 septembre 1468.

escripte en ung feullet cy dessus en ung article commencant ainsy : « En ce temps Loys, duc de Alenson. » Au moyen de laquelle guerre le roy a recouvertes toutes les placez fortes, citéz et villes que ledit duc de Bretaigne avoit prisez sur le roy ou païz de Normandie, et par tant se est departie l'armée du roy dudit païz de Bretaigne, monseigneur Charles, frere du roy, lors estant à Sainct Malo en Bretaingne.

192. Messire Charles de Meleun, chevalier, baron de Landes, seigneur de Normanville, bailli de Sens et d'Evreux, et lieutenant general du roy, grant maistre d'ostel du roy et cappitaine du chasteau Sainct-Anthoine à Paris [1], du quel est ci-dessus parlé en plusieurs lieux, pour ce que, come le seigneur de Lau, il estoit accusé et chargé de avoir commis crime de laise-majesté et traïson et de avoir favorisé, comme le seigneur du Lau, au duc de Bourgongne et conte de Charolois et leurs aliéz contre le roy et la ville de Paris en l'an mil iiii[c] lxv, le samedi xx[e] jour du mois d'aoust ou devantdit an iiii[c] lxviii, ou Chasteau-Gaillard en Normandie fut decolé et mis à mort [2] et ung sien serviteur, qui depuis furent tous mors jettéz en Seine, le roy lors estant à Compiengne ou à Senlis et environ.

193. Durant le temps des mois de juing, juillet, aoust, septembre et jusques au ix[e] ou x[e] jour du mois d'octobre oudit an mil iiii[c] lxviii, le roy nostre sire se tint et se tenoit partie dudit temps ou à Meaulx, ou à Pontoise, ou à Creil, ou à Senlis, ou à Compiengne, ou à Noyon. Et durant tout ledit temps le roy tenoit et avoit environ lui, en l'Isle-de-France et es païz d'environ, grant et puissant armée, tant des nobles du royaulme comme des gens d'armes de son ordonnance et des francs archiers en grant nombre.

194. Charles, naguerez conte de Charolois et à present duc de Bourgongne et de Brebant, conte de Flandres et d'Artois, etc., durant tout ledit temps, environ lui grant armée et grant artillerie, se tenoit à Peronne et environ, comme se il voulsist faire guerre au roy ou aumoins soy deffendre contre lui.

195. En ce temps mesmes, après plusieurs ambassades cedit temps durant de par ledit duc envoyéez devers le roy et de par le

---

1. Maupoint a dit plus haut que la Bastille avait pour gouverneur le père de Charles de Melun, le seigneur de la Borde, qui fut remplacé par le seigneur de Blot.

2. D'après la Chronique Scandaleuse, Charles de Melun, tiré de sa prison du Château-Gaillard, fut décapité aux Andelys.

roy envoiéez devers ledit duc, desquelz ambassadez pour le roy
les chefs estoient le cy devant dit maistre Jehan Balue, cardinal[1],
evesque d'Angers et prieur commendatoire du prioré Sainct Eloy
à Paris, maistre Jehan Dauvet, premier president en Parlement,
maistre Jehan d'Oriole et le gouverneur de Roussillon. Environ le
ix[e] et x[e] jour dudit mois d'octobre oudit an iiii[c] lxviii le roy se
departit de Noyon pour aler à Peronne, et laissa son armée en
l'Isle-de-France et environ Compiengne, et se en ala oudit lieu de
Peronne, acompaigné de monseigneur le duc de Bourbon et de
plusieurs aultres grans seigneurs et gens de conseil, entre lesquelz
estoient ledit cardinal d'Angers, d'Oriole et ledit premier president et ledit gouverneur de Roussillon. Ouquel lieu de Peronne,
aumoins environ une lieue plus çà, le roy trouva ledit Charles,
duc de Bourgongne, acompaigné de plusieurs des nobles de ses
païz et de son armée, et entre les aultres le roy trouva Loys, conte
de Sainct-Pol, connestable de France et tous ses enffans, Philippe
de Savoie, frere de la royne de France, le sire du Lau, Poncet de
Riviere et aultres qui avoient fui et laissé le roy, dont le roy ne
fut pas bien content. Neantmoins ledit duc de Bourgongne receut
le roy en grans honneurs et en grant reverence, en offrant au roy
luy faire hommaige et lui tenir foy et loyaulté comme à son souverain seigneur, et partant ensemble entrerent en la ville de Peronne[2], ou quel lieu après plusieurs ouvertures et pourparlemens
fais entre le roy et ledit duc, le xiiiie jour dudit mois d'octobre et
oudit an, le roy et ledit duc, presens plusieurs grans seigneurs et
aultres plusieurs notables personnes en grand nombre, tant de la
compaignie du roy que dudit duc, es mains dudit cardinal d'Angers et sur la vraye croix, jurerent paix finable et promisrent par
serment aider, deffendre et secourir l'ung l'aultre à jamaiz.

196. Item, et avec ce jurerent et promisrent es mains dudit
cardinal d'Angers et, sur la vraie croix, tenir et garder le traictié en
l'an mil iiii[c] trente cinq, ou mois de septembre, fait en la cité et
ville d'Arras entre le feu roy Charles VII[e] et feu Philippe, duc de

---

1. Il ne reçut le chapeau de cardinal que le 27 novembre 1468, comme le
dit plus loin le chroniqueur.

2. Le roi arriva à Péronne le 9 octobre, venant de Ham. Voy. une lettre
écrite le même jour de Péronne au magistrat d'Ypres sur la rencontre du
roi et du duc (Commines, éd. Dupont, t. III, p. 226), et le texte du traité
conclu à Péronne le 14 octobre ainsi que les actes qui en sont les corollaires
(Lenglet-Dufresnoy, pièce 124).

Bourgongne, sur les censurez et contrainctes en icellui traictié contenues et aultres qui, condecemment et concordablement par les presens audit lieu de Peronne, furent aviséez pour pardurablement demourer confederés en paix et amictié.

197. Item, et pour cé que ce temps durant que le roy et ledit duc estoient audit lieu de Peronne furent aportéez nouvelles audit duc de Bourgongne que les Liegois estoient mis sur en leur païz, et que par fait de guerre ilz avoient prins et detenoient prisonnier monseigneur Louis[1] de Bourbon, evesque de Liege, frere de monseigneur le duc de Bourbon et cousins germains dudit duc de Bourgonne. Et que lesdites nouvelles se entresuivoient, ledit duc delibera de aler oudit païz de Liege contre lesdiz Liegois estans en armes et tenans les champs, et de recouvrer desdiz Liegois ledit evesque de Liege par toutes manieres à lui possibles, pourquoy et affin d'estre plus fort, ledit duc suplia au roy que il lui pleust de aler avecques lui jusques es marches dudit païs de Liege, ce que le roy lui ottroya en la faveur de ce que ledit evesque de Liege est son prochain parent. Et mena le roy en sa compaignie partie des gens d'armes de son ordonnance jusques au nombre de cent lances, dont ledit connestable avoit la charge, monseigneur Charles, frere du roy, estant a Sainct-Malou en Bretaigne, aumoins en Bretaigne avec le duc.

198. Le mecredi, xxvi[e] jour du mois d'octobre et oudit an, messeigneurs le cardinal d'Avignon et le cardinal d'Albi, le conte de Poinctievre, le conte de Fois, le marquis du Pont, le seigneur de Guise, le seigneur de la Forest, monseigneur de Narbonne temporel, monseigneur de Maulpas, monseigneur Robert d'Estouteville, baron d'Ivry, prevost de Paris, messire Tristan l'Ermitte, chevalier, prevost des mareschaulz de France, et plusieurs aultres grans seigneurs, tant espirituelz que temporelz, et le jeudi et le vendredi ensuivans ledit jour de mecredi, arriverent en la ville de Paris pour attendre le roy lors estant avec le duc de Bourgonne en la conté de Namur et sur les marches du Liege; monseigneur Charles, frere du roy, estant en Bretaigne, monseigneur le duc de Calabre, filz du roy de Cezille, estant lors à Meaulx. Ledit monseigneur le cardinal de Avignon ne entra point dedens Paris jusques le jeudi au soir iii[e] jour du mois de novembre oudit an iiii[c] lxviii. Tous lesquelz seigneurs se tenoient à Paris, attendans

---

1. Le ms. porte : *Noian.*

le retour de la personne du roy, et doubtoit on que ledit duc de Bourgonne ne voulsist pas laissier revenir le roy nostre sire en ses paîz de France, quant il lui plairoit, ce que il feist en portant au roy tout honneur et reverence. Ce non obstant, le roy lors demoura avec ledit duc de Bourgongne, es marches et sur le paîz de Liege, jusques environ la feste Sainct Martin d'iver xie jour du mois de novembre ensuivant oudit an mil iiii^c LXVIII [1].

199. Environ cellui temps du xxiiiie, du xxve et du xxvie jour dudit mois d'octobre mil iiii^c LXVIII, ledit Charles, lors duc de Bourgongne, de Breban, etc., le roy estant en sa compaignie, meist le siege devant la cité du Liege [2] en grant puissance d'armes et de artillerie. Là et lors furent faictes plusieurs grans escarmouches d'armes et plusieurs vaillances, tant d'ugne part comme d'aultre, et finablement, environ le penultime et dernier jour dudit mois d'octobre et oudit an, ledit duc de Bourgongne et son armée, sans le sceu du roy, assaillirent et par force d'artillerie et d'armes efforcerent et prinrent par assault ladite cité de Liege. Laquelle chose voyant le roy, il feist crier parmi son ost à son de trompe et deffendre sur paine de la hard que nul homme de guerre, ne aultre de ses gens et de son ordonnance ne de son hostel, ne feust si hardi de entrer en ladite cité de Liege pour y riens prendre ne piller, ne pour faire à homme ne à femme dommaige ou desplaisir quelconquez, auquel cry et à l'ordonnance du roy toutes les gens du roy obeirent et ne entrerent point en ladite cité pour y faire ne pourchasser estre fait aulcun mal [3].

---

1. Le roi quitta le duc dès le 2 novembre (Petite Chronique publiée par Lenglet-Dufresnoy, t. II, p. 193).

2. Louis XI et Charles le Téméraire arrivèrent devant Liége le 27 octobre ; la ville fut prise d'assaut le 30 (*Ibid.*).

3. L'assaut ne fut pas donné, comme le dit le chroniqueur, à l'insu du roi. Prévenu le 29 octobre que l'attaque aurait lieu le lendemain, Louis XI présenta contre cette résolution des objections que les conseillers de Charles le Téméraire firent valoir auprès de leur maître. Celui-ci en sut mauvais gré au roi et y vit le désir de sauver les Liégeois. Il paraît certain que les troupes de Louis XI, qui ne se composaient que de cent archers de sa garde et de trois cents hommes d'armes, ne prirent pas part à l'assaut ; ni Commines, ni aucune des trois relations de la prise de la ville qui ont été publiées ne leur donne un rôle dans l'affaire. La défense faite par Louis XI à ses soldats de piller et de maltraiter la population n'a rien que de très-vraisemblable, bien qu'il n'en soit pas parlé ailleurs que dans notre Journal. Le roi, qui s'associa au triomphe de son rival en exprimant une joie et des

200. Tout ce non obstant, et non obstant la presence du roy, ledit Charles duc de Bourgongne, etc., en grant orgueil et en grant felonnie, entra et feist entrer toute son armée dedens ladite cité du Liege, et lors furent faictes en ladite cité maintes grandes occisions de hommes et maintes violences de fames et de filles, toutes les eglises efforcéez et pilléez [1], reliquez, croix, calices, ornemens, paremens, vestemens et les ymaigez de toutes et chascune des eglises de ladite cité prinsez, derompuez et transportéez hors du païs de Liege, plusieurs gens d'eglise, plusieurs nobles, plusieurs riches bourgoiz, marchans et gens de mestier meurdriz et tuéz, plusieurs nobles dames et damoiselles, riches bourgoises, et femmes de marchans et de gens de mestiers, et leurs filles efforcéez et violéez et depuis meurdriez et tuéz, en si grant confusion de honneur et de sang humain que j'ay plus grand honneur de non escripre que de plus avant en escripre. Neantmoins il a esté rapporté en France par plusieurs fois que, en ladite entrée faicte par ledit duc de Bourgongne en ladite cité de Liege, il y ot de xxviii à xxix mille, que hommes, que femmes, que filles, que enffans, meurdriz et tuéz.

201. Ce fait, fait oultre le conseil et sans le conseil et plaisir du roy et à sa grant desplaisance, pour quoy le roy se departit dudict païz de Liege et de la compaignie dudit duc de Bourgongne et se en revint en France, courcé et desplaisant du cas advenu en ladite cité et ou païz de Liege.

202. Tantost apres le departement du roy, ledit duc de Bourgongne feist assavoir et crier parmi son ost que chascun prinst en ladite cité de Liege tous les biens que il pourroit trouver et les transportast hors de ladite cité, quelques biens que ce feussent, dedens les xv premiers jours ensuivans, le jour du cri, qui fut fait, comme on dit, le iie jour du mois de novembre mil iiiic lxviii, ledit duc estant aux champs en armes devant ladite cité de Liege en ses tentes et pavillons. Au moien du quel cri, par les gens de guerre et aultres des païz dudit duc tous les biens de ladite cité furent raviz, tolus et transportéz hors du païz de Liege

---

félicitations peu sincères et en entrant dans la place, la croix de Saint-André au chapeau, au cri de : « Vive Bourgogne! », ne voulut pas du moins tremper ses mains dans le sang de ceux qu'il avait excités à la révolte, ni assister aux cruautés qui souillèrent la victoire du duc de Bourgogne.

1. Quelques-unes, parmi lesquelles la cathédrale, Saint-Lambert, furent épargnées (Commines, éd. Dupont, t. I, p. 196).

et transportéz et mis es païz de Namur, de Haynault et de Breban et en plusieurs aultres des païz dudit duc, tant feussent adornemens, paremens, vestemens, reliquaires, calices, croix et aultres joyaulz d'eglise, comme tous les bons meubles de tous les nobles et bourgois et aultres habitans et demourans en ladite cité de Liege.

203. Lesquelz xv jours finis et passéz, ledit duc de Bourgongne en felon couraige rentra en ladite cité de Liege et commanda estre tuéz tous les Liegoiz et Liegoises qui seroient trouvéz vivans en ladite cité, feussent prisonniers ou non, ce qui fut fait en grand deshonneur dudit duc et de son armée, et puis commanda que on boutast le feu es plus grans hostelz et es plus grans rues de la cité, ce qui fut fait, et lors furent buléez et arses de xvi à xvii mil maisons en la cité de Liege. Et à tant ledit duc se retrahit aux champs en ses pavillons et en ses tentes et lors commanda ledit duc que toutes les portes, toutes les tours, les lieux fors, tous les murs et de dedens la cité et de dehors et de environ feussent desrompus, demolis, abatus et mis jus et toutes les fosses, et tous les fossés empliz et paremplis et mis en plaine aire de terre. Et fut ainsi fait et parfait es mois de novembre et de decembre en l'an mil iiii^c lxviii. Et adonques ledit duc de Bourgongne et son armée ce departirent dudit païz de Liege et se en retourna en ses païz de Flandres et de Breban, le roy lors estant par la pluspart du temps, comme on disoit, à Orleans et environ.

204. Maistre Jehan Balue cy devant nommé par plusieurs fois, aagé de xxx à xxxiiii ans ou environ, natif du païz de Poictou, neantmoins que il feust astraict de povre maison, pou lettré et pou composé en bonne meurs, touteffois en l'espace de cinq à vi ans commençans environ la feste de Pasques mil iiii^c soixante quatre et finissans environ la feste de Pasques mil iiii^c soixante neuf, au moien des services par lui faiz à feu maistre Thiebault de Vitry, chanoinne de Paris, etc., et à feu messire Charles de Meleun, chevalier, baillif de Sens, grant maistre d'ostel du roy nostre sire, duquel chevalier il est parlé par plusieurs fois cy devant, lesquelz ledit Balue avoit serviz par aulcun espace de temps, il feut promeu, eslevé et monté en plusieurs grans estas et dignitéz ecclesiastiquez et aultres : 1° Ledit Balue fut conseillier du roy en sa court de Parlement, puis fut chanoinne de Paris, tresorier de la grant eglise de Angers, prieur commendatoire de l'eglise Sainct-Eloy à Paris, evesque d'Evreux, du grant conseil du roy

en son hostel, evesque d'Angers, et oultre tout ce, ledit Balue eut plusieurs aultres dignitéz, offices et estas, tant en l'eglise comme autour du roy et des princes et seigneurs de France. Et finablement ledit maistre Jehan Balue, lui possessant les dignitéz et estas cy dessus, et lui estant le premier du grant conseil du roy, le dimenche xxviie jour du mois de novembre, premier jour des advens Nostre Seigneur en l'an mil iiii^c lxviii, en l'eglise Nostre-Dame de Paris receut le chappeau de cardinal, lequel lui fut baillé par monseigneur le cardinal de Avignon et par monseigneur le cardinal de Albi en grant reverance et en grant sollemnité, presens monseigneur l'evesque de Paris, [monseigneur l'evesque de Meaulx] et presens plusieurs aultres grans prelas, evesques et abbéz en grans nombres, entre lesquelz aussi estoient monseigneur le duc de Bourbon, [monseigneur de Lyon, archevesque, et monseigneur de Beaujeu, ses freres, monseigneur le chancelier, monseigneur le grant president, toute la court de Parlement, des comptes, des generaulx, les secretaires] et plusieurs aultres tres noblez et bien grans seigneurs temporelz et du peuple de Paris, tant gens d'eglise comme bourgois et gens de mestier en tres grant nombre.

205. Ce jour par ledit Balue, cardinal, fut fait ung grant disner et sumptueux en l'ostel qui fut jadis à Piquet[1], près de l'eglise des religieuz ditz les Blancs Manteaulx, ou quel disner les assistens feurent [les dessusdiz] serviz de plusieurs metz et entremetz de toutes viandes exquisez, tant domestiquez que sauvaiges, tant de bestes que de oiseaulz, tant de boulliez, de rotisserie que de patisserie, de espissez en grant quantité et de diverses saveurs, de vins de osoie, vins bastardz, vins de rosettes, vins blancs, vins claretz, vins rouges de divers païz et de divers goutz et en grant planté. Et, pour resjoïr les assistens audit disner, y estoient en grant nombre et bien joliez dames, damoiselles et jeunes bourgoises, compaingnons chantans de bouche, trompettes, clairons, menestréz tant à cordes et orguez comme aultres, danseurs de morisque et joueurs de farces. Entre lesquelz joueurs de farcez il y avoit ung personnaige feingnant ledit Balue cardinal, qui, entre les beaulz ditz de son personnaige, il disoit telz motz : « Je fay feu, je fay raige, je fay bruit, je fay tout, il ne est nouvelle que de moy. » Et plusieurs aultres grandz choses et de grant urbanité

---

1. Cet hôtel a donné son nom au passage Pecqual, dont l'appellation est une corruption de Piquet. (Jaillot, *Quartier Sainte-Avoye*, p. 25-26.)

furent lors audit disner et toute jour faictes et dictes en grant pompes. [Et au soupper furent pareillement toutes les dames, damoiselles et bourgoises de bruyt de Paris.] Ce fut fait ledit jour de dimenche, xxviie jour du mois de novembre, premier dimenche des advens Nostre Seigneur en l'an mil cccc soixante huit, le roy lors estant à Estrechi et devers Estampes et environ.

206. Ou mois d'avril tantost ensuivant, ledit maistre Jehan Balue, cardinal, fut accusé devers le roy de plusieurs malefices et traïsons, tant en la personne du roy comme contre son honneur et du royaulme, pour quoy, par le commandement du roy, ledit maistre Jehan Balue, cardinal, oudit mois d'avril, environ la feste de Pasques l'an mil iiii^c lxix, fut prins et detenu prisonnier et mis en estroitte prison ou chasteau de Montbason. Et depuis ledit Balue cardinal fut transporté tout prisonnier dudit lieu de Montbason dedens le chasteau de Loches en Berri, ouquel il est encores de present. Fait l'an mil iiii^c lxix, le mecredi xiiie jour du mois de novembre[1].

---

1. Ici s'arrête le ms. du Vatican. Celui de la Bibl. nat. qui nous fait défaut dès les premières lignes du § 186, nous fournit cependant de plus que le premier les deux fragments suivants : « Jeudi ixe jour de juillet 1472, le duc de Bourgongne fut assaillir la ville de Beauvais pour la seconde fois, auquel assault ledit duc perdit mors six cens hommes de guerre et plus comme on disoit. . . . . . »

« Je Françoys, duc de Bretaigne, jure sur la vraye croix de Sainct Lo, cy presente, que tant que je vive, je ne prenderai, ne ferai prendre, ne serai consentant ne participant, en façon que ce puisse estre, de prendre la personne de mon tres redoubté seigneur monseigneur le roy de France Loys, à present regnant, ne de le tuer, et, s'aucune chose en savoye, que j'en advertirai mondit seigneur le roy de France, Loys, et l'en garderai de tout mon povoir, comme je vouldroye faire ma personne propre. Plus jure comme dessus que, tant que je vive, soubs quelconque couleur que ce soit ou puisse estre de maladie ou aultrement, je ne garderai ou consentirai garder mondit seigneur le roy de France, Loïs, qu'il ne fasse à son plaisir de son gouvernement, de sa personne et serviteurs de son royaulme, pays, terres et seigneuries et l'en laisserai en sa franche liberté, ne soubs ombre de tutelle, ne pour quelconque occasion ou couleur que ce soit, ne serai consentant de ce faire, mais l'en garderai de tout mon pouvoir, sans y querir aulcune excusation; et se j'en scai aulcune chose, je l'en advertirai et garderai à mon povoir. Et plus, je jure et promets sur ladite vraye croix que le serment que j'ai faict, je l'ai faict et le faiz de bon cueur, et, se je n'avoye voulenté de le tenir, pour chose du monde je ne le feroye. . . . . . » (Cf. Dom Morice, *Preuves de l'hist. de Bretagne*, t. III, p. 291.)

Imprimerie Gouverneur, G. Daupeley à Nogent-le-Rotrou.

9 782013 633284